Tina Jacobsen

OUR LIFE IS BETTER OUTSIDE

Über das Glück als Familie im Camper zu reisen

Impressum

© 2021 Tina Jacobsen 1. Auflage
De Beern 13a, 22159 Hamburg
OUR LIFE IS BETTER OUTSIDE
Über das Glück als Familie zu reisen
Autor: Tina Jacobsen / Layout: Ole Zimmermann
Coverfoto: Lena Jacobsen und Martin Sass
Fotos: Tina und Arne Jacobsen, Max Müller, Lena Jacobsen,
Martin Sass, Caroline Massing, Stefan Kreitewolf, Cornelia Krüchting
Korrektur: Marianne Jacobsen, Heidi Gross
Lektorat: Stefan Kreitewolf
Endkorrektur: Malte Oberquelle

@ourlifeisbetteroutside
www.ourlifeisbetteroutside.de

Ein Buch von Notiz (www.notiz-hamburg.de)

ISBN: 978-3-9823037-0-3

Gedruckt in der EU.

INHALT

HALLO!

Wir sind Tina, Arne, Emil und Anton. Wir sind eine Familie aus Hamburg, die insgeheim schon lange davon geträumt hat, mit dem Camper die Welt zu bereisen. Wie so viele haben wir immer auf den richtigen, den perfekten Zeitpunkt gewartet, um so eine Reise zu starten. Und irgendwann mussten wir dann leider feststellen, dass es den perfekten Zeitpunkt wahrscheinlich niemals geben wird. Und dass sich ein zu langes Warten darauf vielleicht nicht lohnen wird. Letztendlich haben wir also relativ spontan unsere Wohnung aufgegeben, die wichtigsten Dinge eingepackt und uns auf eine einjährige Tour mit dem Camper durch Europa begeben. Von 110 auf 13 Quadratmeter innerhalb von drei Monaten.

Viele haben zu uns gesagt, sie finden das mutig. Ausbrechen, den Alltag hinter sich lassen. Neuanfang. Das, wovon viele nur zu träumen wagen. Ich finde: Das sind alles ziemlich große Begriffe, mit einer ziemlich großen Bedeutung!

Für uns war es etwas anderes. Eigentlich waren wir gar nicht heiß auf einen Neuanfang und es gab auch keinen richtigen Grund, um aus unserem bisherigen Leben auszubrechen. Wir hatten eine schöne Wohnung mitten in Altona und unsere liebsten Menschen waren weitestgehend um uns. Die Kinder waren in einer tollen Betreuung in der sie sich (und wir uns auch) sehr wohlgefühlt haben. Wir haben beide gearbeitet und das eigentlich immer gerne. Arne ist angestellt als Berater in einer E-Commerce Agentur. Ich habe mich nach langer Zeit als Angestellte selbstständig gemacht, als Virtuelle Assistentin. Wir hatten es gut; die Kosten mitten in der Stadt waren aber auch hoch. Neben all der Arbeit hatten wir ein schönes und harmonisches Familienleben. Unsere freie Zeit haben wir immer gut genutzt und viel gemeinsam erlebt. Wir mochten also unseren Alltag in Hamburg. Wir waren aber auch mittendrin und hochkonzentriert. Wenig Zeit zum Träumen, Pläne schmieden und Ideen spinnen. Wenig Zeit für große Entscheidungen. Wie wollen wir eigentlich langfristig leben? Und wo? Was ist uns wichtig und was ist uns wichtig für unsere Kinder? Für all diese Fragen hätten wir uns gerne mehr Zeit genommen. Aber die Zeit dafür war nicht da. Immer häufiger kamen die Themen mal auf, eher so zwischendurch. Dann haben wir angefangen in eine Richtung zu denken, angefangen zu planen und vielleicht sogar auch zu rechnen. Aber nicht bis zum Ende. Der Alltag, die Arbeit, Veranstaltungen rund um die Kinder, soziales Umfeld, das haben wir gut und strukturiert gemeistert. Das große Andere blieb erst einmal auf der Strecke.

Zum ersten Mal so richtig ins Wanken gekommen, sind wir dann nach einem Schicksalsschlag in der Familie. Arnes Papa ist gestorben und das hat um uns herum alles durcheinandergewirbelt. Es hat uns dazu gebracht, Dinge plötzlich anders zu sehen und zu hinterfragen. Es hat uns an unsere Grenzen gebracht und uns gezeigt, dass Zeit wahnsinnig kostbar ist. Bisher waren wir immer in der Lage – trotz Hamsterrad – Entscheidungen zu treffen, die gut für uns waren. Wenn wir mit einer Situation unzufrieden waren, haben wir versucht sie zu ändern. Das war jetzt irgendwie anders. Unser Urvertrauen war geschwächt. Wir waren verunsichert, müde, kopfmäßig unheimlich angespannt. Die Leichtigkeit war verschwunden und wir hatten plötzlich das Gefühl festzustecken.

Ich glaube in erster Linie waren wir gar nicht mutig. Vielmehr waren wir erschöpft. Vielleicht auch ein kleines bisschen trotzig. Am besten wäre es gewesen, mal kurz auf Pause zu drücken. Aber das ging leider nicht.

Einfach abhauen war auch keine Alternative. Aber vielleicht eine Kombination? Von beidem ein bisschen? Dann kam die Idee wieder auf mit der Reise. Wir haben den großen Camper vor der Tür stehen. Wir sind viel damit rausgefahren und waren immer traurig, wenn wir unsere Sachen wieder aus dem Auto räumen mussten, weil die Zeit schon wieder vorbei war. Die Kinder waren noch nicht in der Schule – das änderte sich aber bald. Beruflich passte es gerade so medium gut, aber seien wir mal ehrlich – so richtig passen würde es doch nie. Aber jetzt gerade würde

es schon gehen. Also machen? Nicht um wegzulaufen, sondern um Kraft zu tanken. Um Abstand zu gewinnen, den Blickwinkel zu verändern. Ein bisschen Freiheit zum Nachdenken. Den Alltag für eine bestimmte Zeit zurücklassen. Raum und Zeit schaffen, um herauszufinden was wir eigentlich als Familie wollen und was uns wirklich wichtig ist.

Mit der Idee, ein Jahr mit dem Camper durch die Welt zu fahren, kamen aber natürlich auch die Zweifel. Wollen wir das wirklich? Schaffen wir das finanziell? Wie finden es die Kinder? Jeder von uns beiden hat angefangen für sich darüber nachzudenken. Erst einmal haben wir gar nicht weiter darüber gesprochen und die Idee in unseren Köpfen reifen lassen. Letztendlich haben wir uns dann die Frage gestellt, was dagegen spricht. Es gab ein paar Sachen, ganz klar, aber nichts, was man mit einem Aber nicht hätte widerlegen können. Es hat sich richtig angefühlt, als wäre es die logische Konsequenz aus allem.

Es war kurz vor Weihnachten und der Plan war Anfang April loszufahren. Es musste also alles ziemlich schnell gehen. Zwischen den Jahren hat Arne Elternzeit bei seinem Arbeitgeber beantragt. Gleichzeitig haben wir uns dafür entschieden, unsere Wohnung aufzugeben und haben bei der Hausverwaltung gekündigt. Uns blieben drei Monate zur Vorbereitung. Arne hat neben der Arbeit den Camper startklar gemacht, ich habe mich um die Wohnungsauflösung gekümmert. Wir haben viel verkauft und den Rest eingelagert.

Die Kinder mochten die Idee von Anfang an. Ein Jahr nur wir Vier – das war eine ziemlich gute Vorstellung für uns alle!

Der Abschied, vor allem im Kindergarten, ist ihnen trotzdem schwergefallen. Wir haben versucht, ihnen zu erklären, dass es völlig okay ist, auch mal traurig zu sein. Manchmal muss man etwas Schönes zurücklassen, um neuen Dingen Platz zu geben. Diese Erfahrung sollten sie in den nächsten zwölf Monaten noch häufiger machen.

Wir haben die Entscheidung, diese Reise zu machen, nie bereut. Wir waren in sechs Ländern, haben an 124 verschiedenen Spots übernachtet, sind fast 28.000 Kilometer gefahren. Wir hatten unglaublich tolle Tage und auch ein paar anstrengende. Wir haben gespürt wie es sich anfühlt, wirklich mal Zeit zu haben. Unser Familienleben hat sich verändert. Wir sind noch enger zusammengewachsen, als wir es ohnehin schon waren. Wir haben uns verändert, unsere Einstellungen haben sich verändert. Und wir sind uns mittlerweile sicher, dass es irgendetwas dazwischen geben muss. Zwischen völlig frei und dem schleppenden Alltag zu Hause, in dem man nicht merkt, wie schnell die Zeit eigentlich vergeht.

Machen ist wie wollen. Nur krasser. Das habe ich irgendwo mal gelesen. Stimmt irgendwie, habe ich mir gedacht und es fotografiert. Seitdem trag ich es auf meinem Handy mit mir herum. Und letztendlich ist es ja genau das – nicht einfach nur träumen, sondern machen! Das klingt immer so leicht, aber in Wirklichkeit gibt es doch tausend Fragen, Zweifel und Ängste. Bevor wir losgefahren sind, haben wir gesucht. Nach Erfahrungsberichten von anderen und Antworten auf Fragen, die einem ein paar der Zweifel nehmen können. Aber so wirklich haben wir nichts gefunden. Wir haben vorab viel gelesen und recherchiert. Manche Dinge konnten wir uns auch selbst beantworten. Andere mussten wir tatsächlich erst selbst erleben.

In den zwölf Monaten unterwegs haben wir viel gelernt. Wir haben viel erlebt, sind ein bisschen schlauer geworden. Wir können jetzt mehrere der Fragen, die auch wir im Vornhinein hatten, beantworten. Und genau das wollen wir mit diesem Buch gerne tun. Wir wollen keine Gebrauchs-anweisung vorgeben, wie so eine Reise auszusehen hat. Wir wollen unsere Geschichte teilen. Wollen zeigen, dass es immer Möglichkeiten gibt. Dass man das machen kann, wenn man es wirklich möchte. Weil wir das auch konnten. Wir wollen ein Beispiel dafür geben, wie man so eine Reise mit Kindern im Camper gestalten und organisieren kann. Den Weg dorthin muss jeder bzw. jede Familie für sich selbst finden. Und wenn man ihn dann gefunden hat, dann muss man sich noch trauen ihn zu gehen.

Also hat das Ganze am Ende doch auch irgendwie etwas mit Mut zu tun.

WARUM IM CAMPER REISEN?

Vanlife hat sich in den letzten Jahren förmlich zum Reise-Trend schlecht-hin entwickelt. Man hört immer öfter, dass vor allem junge Familien mit dem Camper oder selbstausgebauten Bussen unterwegs sind. Einen Teil der Elternzeit im Van zu verbringen, das klingt anscheinend für viele ziemlich verlockend.

Das mit dem Campen und uns geht tatsächlich schon ein kleines biss-chen länger. Arne hat als Kind schon viele Urlaube auf Campingplätzen verbracht, manchmal im Zelt, im Faltwohnwagen oder dann später im Bus. Da er schon immer irgendeine Art von Wassersport betrieben hat und dafür meistens auch viel Material und Platz nötig war, gehörten Camping und Unterwegssein mit einem großen Auto für ihn immer dazu. Bei mir war das ein wenig anders. Mit meiner Familie war ich als Kind in unseren Urlauben meist in Hotels oder Ferienwohnungen. Als ich dann älter wurde, habe ich den Sommer über viel Zeit auf Festivals ver-bracht. Eigentlich habe ich da zum ersten Mal so richtig Camping-Luft geschnuppert. Nach dem Abi kam dann eine Interrail-Tour mit Zelt und Rucksack und spätestens ab da habe ich von einem VW-Bus geträumt. Der hat allerdings noch etwas auf sich warten lassen.

Nach der Geburt von Emil war es dann aber endlich so weit: Arne und ich haben uns zusammen einen VW T5 gekauft. Kein ausgebautes Modell, sondern in erster Linie ein Auto für die Stadt. Trotzdem hatten wir natürlich vor, den Bus auch für Urlaube und kurze Trips zu nutzen. Das Multiflexboard und eine Klappmatratze, um im Auto eine Liege-fläche zu schaffen, haben wir uns direkt beim Autokauf mitangeschafft. Nach und nach kam dann noch anderer Campingstuff wie Tisch und Stühle, eine zweite Batterie und eine Kochmöglichkeit dazu. Die erste wirklich lange Reise war unsere Hochzeitsreise 2015 nach Schweden. Einige Wochen lang sind wir, damals noch zu dritt, durch Skandinavien gereist und haben das Leben im Bus in vollen Zügen genossen. Wir haben uns zu dritt ein Bett geteilt und hatten noch ein praktisches Vorzelt dabei. Trotzdem ist der Platz im Bus natürlich begrenzt. Wir hatten kei-ne eingebaute Küche und auch kein Aufstelldach. Man ist dann schon echt viel damit beschäftigt Dinge von A nach B zu räumen und mit der Zeit fängt das an zu nerven – auch wenn irgendwann jeder Handgriff sitzt. Mit dem zweiten Kind kamen dann die Überlegungen, wie wir das

Ganze für uns noch komfortabler gestalten können. Hochdach einbauen? Bus verkaufen und einen Sprinter ausbauen? Oder doch irgendetwas Fertiges kaufen?

Die Entscheidung wurde uns dann erst mal abgenommen. Meine Schwiegereltern hatten sich nämlich einen Traum erfüllt und sich ein großes, neues Wohnmobil angeschafft. Mit fünf Plätzen, um auch die Enkel alle mitnehmen zu können, großer Heckgarage und solider Ausstattung. Und das Beste: Wir durften uns das Auto immer mal wieder ausleihen. Als Anton dann auf der Welt war, waren wir zu viert mehrere Wochen mit dem Camper in Spanien und Frankreich unterwegs. Und wir haben es geliebt. Die Kinder haben sich total wohlgefühlt und diese Art zu Reisen machte uns nach wie vor glücklich. Wir haben das Auto immer öfter auch für kürzere Ausflüge an Wochenenden genutzt, uns aber nach wie vor die Frage gestellt, was wir uns denn eigentlich langfristig für ein Auto anschaffen wollen. Letztendlich kam es anders als geplant und bevor wir uns wirklich für etwas entscheiden konnten, haben wir den Camper von Arnes Eltern geerbt. Die Umstände waren zwar alles andere als angenehm, trotzdem sind wir natürlich dankbar für das Auto. Und die Vorstellung, dass wir jetzt mit dem Camper einen kleinen Teil des Traums von Arnes Papa leben können, ist auch irgendwie schön.

Campingurlaub ist ganz sicher nicht für jeden etwas. Entweder man liebt es oder eben nicht. Ich glaube, dazwischen gibt es nicht besonders viel.

Aber es gibt ja auch beim Camping ziemliche Unterschiede was Komfort und die Art des Reisens angeht. Man kann ganz simpel mit Zelt und Rucksack per Anhalter oder mit dem Zug die Welt erkunden. Dabei hat man nur, was man selbst tragen kann. Dadurch ist man natürlich ziemlich eingeschränkt, was das Gepäck angeht – vor allem wenn es letztendlich beim Camping bleiben soll und man Zelt und alles andere mitschleppen muss. Die andere Möglichkeit ist, das Ganze mit einem eigenen Fahrzeug zu machen, ob Bus, Kastenwagen, Wohnwagen oder Wohnmobil. Die Fahrzeuge gibt es in verschiedenen Größen und Ausführungen. Es kommt also immer darauf an, was an Stauraum oder Komfort nötig ist. Wie viele Sitzplätze und Schlafmöglichkeiten werden gebraucht? Sollen Fahrräder, Surfbretter oder irgendeine andere Sportausrüstung mit? Fragen über Fragen...

Dann ist noch zu überlegen, auf welche Art man reisen möchte. Sucht man sich im Voraus einen Platz, reserviert eine Parzelle und verbringt dann seinen kompletten Urlaub dort? Man kann es sich auf einem schönen Campingplatz schon auch gemütlich machen. Oder möchte man das Ganze lieber etwas flexibler halten und fährt einfach los, ohne mehr zu planen als die grobe Richtung.

Für uns als Familie ist Camping auf jeden Fall die beste Art zu reisen – das haben wir für uns festgestellt. Das kann sich sicherlich auch über die Zeit wieder ändern, aber aktuell gibt es einfach so viele Vorteile, die ganz klar auf der Hand liegen.

Der Weg ist das Ziel

Und das ist nicht nur ein Spruch, es ist tatsächlich so. Im Camper beginnt der Urlaub eigentlich, sobald man auf die Autobahn fährt. Ich bin kein großer Fan von akribischer Reiseplanung. Es gibt Leute, die so was total gerne machen und ihre Reise möglichst klar und strukturiert im Vorfeld planen möchten. Für viele ist das fast schon so schön wie der Urlaub selbst und die Vorfreude steigt mit jedem Planungsschritt. Bei uns ist das anders. Wir haben eher eine grobe Richtung oder Region, in die wir fahren möchten. Wir nehmen uns keine festen Etappenziele vor, sondern schauen, wie weit wir kommen und suchen uns dann einen Platz. Wenn uns ein Platz, den wir anfahren, nicht gefällt, fahren wir einfach weiter. Wenn das Wetter nicht gut ist und an anderer Stelle besser aussieht, fahren wir auch weiter. Wir können also total flexibel reisen und uns den jeweiligen Gegebenheiten und Befindlichkeiten von uns Vieren an-passen. Wenn man einen Hotelurlaub plant, weiß man ja im Voraus nie ganz genau, wie es tatsächlich sein wird. Klar sieht man Bilder und die Rezensionen anderer Reisender helfen, einen Eindruck zu bekommen. Aber letztendlich kann es passieren, dass man sich alles ganz anders vor-gestellt hat. Dass die Erwartungen enttäuscht werden. Oder das Wetter total schlecht ist. Oder sonst irgendetwas einfach nicht so richtig passen mag. Aus der Hotel- oder Ferienhaus-Nummer kommt man dann nicht so einfach wieder raus. Mit dem Camper ist das schon etwas leichter. Einpacken und weiter geht's!

Home is where you park it

Das ist definitiv eine der besten Sachen am Reisen mit dem Camper: Wir haben unser Zuhause immer dabei. Für uns ist das Wohnmobil auf dieser langen Reise zu unserer Homebase geworden. Die Umgebung ändert sich zwar häufig, aber die Base bleibt. Auch für die Kinder ist es schön, weil sie sich im Camper wohl fühlen und ihn total als Zuhause akzeptiert haben. Sie haben ihren Rückzugsort immer dabei und das gibt ihnen Sicherheit. Sie haben ihr eigenes Bett, mit ihren Decken und Kuschelkissen. Die Wimpel-Kette, die in Hamburg in ihrem Zimmer hing, hängt jetzt im Camper. Wir haben uns Mühe gegeben, es auch für die Kin-der gemütlich zu machen. Und das hat anscheinend gut geklappt.

Natürlich sind auch lange Autofahrten in so einem großen Auto viel angenehmer. Die Kinder sitzen meist hinten und haben einen großen Tisch zum Spielen direkt vor sich. Wenn jemand auf Klo muss oder Hunger hat, müssen wir nicht ewig nach einem passenden Rastplatz suchen, ein einfacher Parkplatz tut es auch. Dann werden eben schnell ein paar Nudeln gekocht oder Brote geschmiert und die Fahrt kann weiter gehen.

Das Leben findet draußen statt

Um ehrlich zu sein, kann ich mir gerade für Kinder, eigentlich egal in welchem Alter, keine schönere Art zu reisen vorstellen. Für unsere Kinder ist es auf jeden Fall ein Traum. Wir machen morgens die Tür auf und sind draußen im Freien. Und das dann meistens für den Rest des Tages. Im besten Fall finden alle Mahlzeiten draußen statt. Wir lieben es unter freiem Himmel zu essen und versuchen das auch so oft wie nur möglich zu machen. Wir geben uns Mühe, Plätze auszusuchen, die im besten Fall eine kindgerechte Umgebung schaffen. Also weit weg von großen Straßen und vielen Leuten, mitten in der Natur. Im besten Fall können die Jungs Fahrrad fahren und sich relativ frei bewegen. Das ist aber natürlich total vom Platz abhängig. Die Freiheit, die die Kinder dadurch erfahren ist toll und sie genießen das wirklich sehr. Die Natur erkunden, viel frische Luft und Bewegung, freies Spielen und Abenteuer erleben – welches Kind würde sich dabei nicht wohlfühlen? Die Jungs schlafen sehr gut, wenn wir unterwegs sind – klar, sie sind ja auch den ganzen Tag on Tour.

Und nein, wir hatten jetzt auch nicht nur Sonnenschein und gutes Wetter auf der Reise. Es gibt sie auch unterwegs, die Regentage! In denen man nicht so richtig vor die Tür gehen kann, alles nass und klamm ist. In einem Camper wie unserem kann man mal ein oder zwei Tage aushalten, mehr wird dann schon schwierig. Dann heißt es kreativ sein und sich irgendetwas einfallen lassen. Ich habe schon von Familien gehört, die Regentage im nächsten Ikea verbracht haben. Köttbullar zum Mittagessen, dann eine Runde ins Bällebad und anschließend noch eine Weile in der Kinderabteilung rumdrücken, damit die lieben Kleinen ein bisschen spielen können. Das haben wir tatsächlich so noch nicht gemacht. Aber wir sind schon auch mal bei schlechter Wettervorhersage extra auf einen Campingplatz mit Hallenbad gefahren oder haben einen Ausflug in ein kleines Wissenschaftsmuseum für Kinder gemacht.

Wenn es nicht zu viele am Stück sind, sind Regentage eigentlich auch ziemlich gemütlich im Camper. Hörbücher mit den Kindern hören, den ganzen Tag im Schlafanzug abhängen, sich einkuscheln und der Regen prasselt aufs Autodach, das hat schon was.

Wenn aus Nachbarn Freunde werden

Man lernt beim Reisen mit dem Camper viele neue Leute kennen, das stimmt. Und wenn man dann noch mit zwei aufgeweckten Kindern unterwegs ist wie wir, dann geht das noch mal schneller. Auf neuen Plätzen kennen unsere Jungs manchmal unsere Nachbarn schon, bevor Arne und ich richtig ausgestiegen sind. Kontakt aufnehmen geht also oft ziemlich einfach. Und das Ganze läuft dann meist auch ähnlich ab. Man unterhält sich erst mal kurz, die Standardfragen werden gestellt: Steht ihr schon länger hier? Wo kommt ihr her? Und wie lange seid ihr denn unterwegs? Um nur ein paar davon zu nennen. Mit manchen tauscht man sich nur kurz aus und winkt sich dann vielleicht noch mal zu, wenn man den Platz wieder verlässt. Mit anderen ergibt es sich und man verbringt mehr Zeit miteinander. Und wenn es richtig gut läuft, dann entwickelt sich aus so einer Bekanntschaft auf irgendeinem Stellplatz auch mal eine richtige Freundschaft.

Wir haben unterwegs viele verschiedene Leute kennengelernt. In Portugal haben wir zum Beispiel ein paar Tage mit zwei älteren Ehepaaren an einem schönen Strand gestanden. Die Kinder haben sich direkt mit ihnen angefreundet und so kamen wir auch schnell ins Gespräch. Unsere Jungs wurden gleich als Adoptiv-Enkelkinder angenommen und haben das natürlich sehr genossen. Sie haben mit einer Selbstverständlichkeit bei ihren neuen Freunden im Auto gesessen und Knäckebrot gegessen. Die beiden Männer haben aus rumliegendem Holz und Steinen für die Kinder Schanzen gebaut, über die sie mit ihren Rädern springen konnten. Alle waren beschäftigt und zufrieden. Wir haben auch heute noch immer mal wieder Kontakt und eine Einladung für einen Besuch bei einem der beiden Paare in der Heimat steht noch aus.

Oder eine Familie, die wir an einem der schönsten Plätze unserer Reise an einem See in Frankreich kennengelernt haben. Wir haben insgesamt fast drei Wochen zusammen verbracht und hören uns auch jetzt noch regelmäßig. Ich würde sogar sagen, wir sind richtig enge Freunde geworden, auch über die Reise hinaus.

An manchen Plätzen trifft man auf Leute, mit denen man in seinem gewohnten Umfeld gar nicht unbedingt in Berührung gekommen wäre. Leute, die anders leben oder eben auch anders ticken. Man kommt sich in den meisten Fällen mit einer großen Offenheit entgegen und daraus können sich tolle Dinge entwickeln. Und wenn man merkt, dass es nicht passt und man sich in einer Situation vielleicht auch unwohl fühlt, dann packt man eben zusammen und fährt weiter. Das Reisen im Camper gibt uns in vielen Bereichen ein Gefühl von Freiheit, das wir gerne mögen. Dazu gehört auch die Freiheit zu entscheiden, ob wir den Kontakt mit anderen haben möchten oder ob wir lieber einfach mal nur zu viert sein wollen.

Natürlich gibt es noch viel mehr Gründe, die für eine Reise im Camper sprechen.

Als vierköpfige Familie sind Reisen nicht unbedingt günstig. Die Flugpreise sind immer schon eine ziemliche Hürde und auch ein Hotelurlaub hat seinen Preis. Klar, die Anschaffungskosten für einen Camper sind hoch, aber nach hinten raus wird es dann schnell günstiger. Es kommt natürlich darauf an, wie man reist. Da wir viel Freistehen, lieber kleine, einfache Campingplätze mögen und uns weitestgehend selbstversorgen, können wir eine Menge sparen. Wir mögen das minimalistische Leben, das man beim Campen führt. Wir haben nur begrenzten Stauraum zur Verfügung, also haben wir auch nur die essenziellen Dinge dabei. Tatsächlich haben wir nach einiger Zeit unterwegs festgestellt, dass wir immer noch viel zu viel dabeihaben. Ein paar Sachen wurden verschenkt, entsorgt und manches schleppen wir immer noch mit uns rum. Zu merken, wie wenig man eigentlich braucht, ist befreiend und schockierend zugleich. Wenn ich überlegt habe, was wir alles noch in Hamburg in Kisten verpackt rumstehen haben, dann wurde mir ganz schwindelig. Denn vermisst haben wir tatsächlich nichts.

Mit dem Thema Vanlife werden immer direkt zahlreiche Begriffe in Verbindung gebracht: Freiheit, Abenteuer, Natur, Entschleunigung, Unabhängigkeit usw. Für uns bedeutet es, weitestgehend ungebunden und selbstbestimmt unterwegs zu sein. Wir haben für uns damit die perfekte Art zum Reisen gefunden und fühlen uns wahnsinnig wohl in unserem rollenden Zuhause.

UNSER MOBILES ZUHAUSE

Viele unserer Freunde und Bekannten haben einen VW Bus oder selbst ausgebaute Transporter, die sie zum Campen nutzen. Auch wir gehörten ursprünglich mal zur VW Bus-Fraktion und haben es geliebt, mit unserem Bus unterwegs zu sein. Anfangs zu zweit, irgendwann dann zu dritt und spätestens, als wir zu viert waren, wurde es langsam eng. Als sich die Möglichkeit ergab, einen großen Camper zu nutzen, waren wir also – in erster Linie aus praktischen Gründen – nicht abgeneigt. Denn seien wir mal ehrlich: Ich finde die ganzen selbst ausgebauten, individuellen, durchdachten und bis ins Detail für den eigenen Bedarf optimierten Busse tausendmal schöner als einen Camper von der Stange. Aber für uns als vierköpfige Familie, die gerne am Strand abhängt und jede Menge Spielzeug für Groß und Klein dabeihat, ist ein großes Wohnmobil einfach irre praktisch.

Die Vorzüge von unserem Camper liegen auf der Hand: Er ist groß und komfortabel, bietet viel Stauraum für all unseren Kram und wir müssen nicht ständig hin- und herräumen, wie es beim VW-Bus der Fall war. Dennoch ist absolut klar, dass wir zu dem Zeitpunkt, als wir das Wohnmobil übernommen haben, nicht in der Lage gewesen wären, uns einen solchen Camper selbst anzuschaffen. Das Auto war gerade mal zwei Jahre alt und 5.000 Kilometer gelaufen. Wir haben es geerbt, genauso übernommen wie es ursprünglich konfiguriert wurde und uns damit bestens arrangiert.

Wir waren, bevor wir unsere große Reise überhaupt planten, häufig mit dem Camper übers Wochenende mit den bereits erwähnten Freunden unterwegs. Unser Auto wurde oft liebevoll als Mutterschiff deklariert und wir mussten uns den ein oder anderen Spruch, bzw. schlechten Witz, über unsere Spießerkarre anhören. Daran haben wir uns schnell gewöhnt und außerdem wissen wir den Humor unserer Freunde ganz gut zu nehmen. Wenn es nämlich darum ging, schnell mal ein Telefon aufzuladen oder Eiswürfel aus dem Gefrierfach im Drink zu genießen, war unser Auto plötzlich gar nicht mehr so schlecht. Ich würde mal behaupten, so ein Camper, wie wir ihn haben, spricht in der Regel ein eher älteres Publikum an und ist auch dementsprechend ausgestattet. Wir haben das Auto oder ein ähnliches Modell unterwegs immer mal wieder gesehen – auf Stell- oder Campingplätzen. Oft waren es ältere Leute, die damit unterwegs waren. Und auch die haben nicht schlecht gestaunt, als plötzlich wir – also eine junge Familie – aus dem Wohnmobil stieg.

Man mag es vielleicht nicht denken, aber selbst unter Campern herrschen harte Vorurteile. Denen sind auch wir das ein oder andere Mal auf unserer Reise begegnet. Wenn man zum Beispiel mit so einem großen Camper auf eine Surferwiese fährt, auf der sonst nur Busse stehen, wird man dort nicht unbedingt mit offenen Armen empfangen, sondern eher kritisch beäugt. Uns ist es tatsächlich egal, mit welchem Auto jemand unterwegs ist – wir finden erst mal irgendwie jedes Konzept spannend: Die fünfköpfige Familie im selbstumgebauten Bus, das ältere Ehepaar, das seit 30 Jahren mit einem VW T2 unterwegs ist, der alleinstehende Typ, der sich einen fetten Offroad-Truck angeschafft hat und damit die Welt erkundet und genauso die vermeintlichen Spießer mit Wohnmobil und ausgefahrenem Parabolspiegel. Wir können uns auf alles einlassen und sind damit cool, so lange die Leute cool sind.

Die dicke Cathi – unser Camper von Carthago

So, jetzt packen wir mal die Fakten auf den Tisch: Unser Auto ist also ein vollintegriertes Wohnmobil auf Basis eines Fiat Ducatos mit einer Länge von knapp sieben Metern. Wir sind nicht nur lang, sondern auch ziemlich hoch – dank der Dachbox und den darauf festgeschnallten Surfbrettern stolze 3,85 Meter. Unser Auto hat dank der Höhe einen ziemlich hohen Wiedererkennungswert. Und wir dadurch die ein oder andere lustige Begegnung mit anderen Reisenden, die meinten sie hätten uns bereits irgendwo schon mal – teilweise sogar in einem anderen Land - gesehen. Für uns ergibt sich durch die Höhe wichtiger Stauraum, aber auf der anderen Seite schränkt es natürlich auch ein. Höhenbegrenzungen sind mit den meisten Wohnmobilen zwar eh nicht zu durchfahren, aber wir mussten auch an anderen Stellen immer mal mit Besen oder unserer Teleskop-Leiter Bäume und Äste wegdrücken, um irgendwo durch zu kommen. Der Camper ist auf über 3,5 Tonnen zugelassen und hat ein Gewicht von knapp drei Tonnen ohne Beladung. Wir haben insgesamt fünf zugelassene Sitzplätze und zwei Betten. Ein Heckbett und ein be-wegliches, platzsparendes Hubbett, das über den Fahrersitzen unter der Decke hängt und heruntergeklappt werden kann. Beide Betten sind groß (zwei Meter auf eins vierzig bzw. eins sechzig) und zu viert können wir gut im Camper übernachten. Die Tür vom Badezimmer lässt sich in geöffnetem Zustand mit einer ausfahrbaren Trennwand am Schrank verbinden, sodass das hintere Bett als Raum abgetrennt werden kann. Die Kinder können dadurch hinten schlafen, während wir entspannt vorne sitzen, ohne sie zu stören. Natürlich genießen wir durch die Größe des Autos auch einen gewissen Komfort, wie zum Beispiel eine eigene Dusche, die Toilette oder den großen Kühlschrank.

Autark reisen

Bevor wir losgefahren sind, haben wir noch einiges an unserem Auto optimiert. Vor allem um möglichst lange unabhängig von einem Camping- oder Wohnmobilstellplatz stehen zu können. Arne hat auf dem Dach Solarpaneele mit einer Leistung von 300 Watt verbaut, damit wir unseren eigenen Strom erzeugen können. Den brauchen wir in der Regel für Licht, das Laden von technischen Geräten und die Heizung, die wir aber eher selten nutzen. In dem ganzen Jahr waren wir kein einziges Mal auf Landstrom angewiesen. Im Gegenteil, wir hatten eher zu viel Strom als zu wenig. Der Frischwasser-Tank fasst 160 Liter, der Abwassertank 120 Liter. Das heißt, der Frischwassertank enthält mehr Wasser, als unser Abwassertank aufnehmen kann. Von daher ist eher das Grauwasser unsere Begrenzung für das Freistehen gewesen. Wenn wir wussten, wir wollen länger stehen, ohne das Auto zu bewegen, haben wir einfach viel mehr darauf geachtet, wann wir Abwasser in unseren Tank laufen lassen. Mit Dingen, wie zum Beispiel draußen in einer Schüssel abwaschen, anstatt im Spülbecken im Camper, lässt sich die Kapazität des Tanks ganz leicht schonen. Unterwegs haben wir uns eine zweite Klokassette angeschafft. Dadurch konnten wir auch hier die Zeit, die wir autark stehen können, verdoppeln.

Ein bisschen Hygge im Camper

Hätten wir uns das Auto selbst konfiguriert, hätten wir vermutlich ein paar Dinge anders entschieden. Vor allem was die Innenausstattung angeht – der ganze Camper ist in braunen und beigen Farbtönen gehalten. Das entspricht nicht unbedingt unserem Geschmack, ist jetzt aber auch keine totale Katastrophe. Wir haben versucht, mit ein paar einfachen Mitteln den Camper ein wenig hübscher zu machen. Als Erstes haben wir zum Beispiel die Vorhänge an allen Fenstern abgenommen. Die Vorhänge an den Betten haben wir durch bunte ausgetauscht, um ein bisschen Farbe ins Auto zu bringen. Den Kindern haben wir den Bereich im hinteren Teil des Autos schön gemacht. Mit kindgerechter Bettwäsche, ein paar Kissen, Postern, Fotos von den Liebsten und der Wimpel-Kette aus dem Kinderzimmer. Die Glasvitrine in der Küche haben wir mit Bildern zugeklebt und im Fach, in dem man sonst die Kaffeemaschine aufbewahrt, findet man jetzt eine kleine Minibar.

Wenn man als vierköpfige Familie auf so wenigen Quadratmetern nicht im totalen Chaos versinken möchte, ist es wichtig, dass möglichst alles, was man dabeihat, einen festen Platz findet. Das klappt mal besser und mal schlechter, aber in der Regel haben wir es gut geschafft, in unserem Camper Ordnung zu halten. Durch ein paar kleine Umbauten konnten wir vorab noch einiges an Stauraum dazugewinnen. Zwischen Küchenbereich und dem hinteren Bett gab es zum Beispiel einen schmalen Schrank mit einer Kleiderstange. Die Kleiderstange haben wir ausgebaut und durch Einlegeböden ersetzt. So passten auch die Kinderbücher, Spielsachen, unsere Strandhandtücher und anderer Kram ins Auto. Außerdem haben wir uns noch von meiner Mama eine passende Hängeaufbewahrung mit mehreren kleinen Fächern für die Schranktür nähen lassen. Das war super für den ganzen Kleinkram, der sonst immer irgendwo rumgeflogen wäre. Die bewegliche Tischplatte, die im Camper verbaut war, wurde durch eine kleinere Platte ersetzt. Für uns war das völlig ausreichend und der Raum rund um die Sitzgruppe wurde dadurch etwas vergrößert.

Gut geplant ist halb verstaut

Um auf dem Dach und in der Heckgarage so viel wie möglich unterzubekommen, haben wir uns vorab ein paar Sachen einfallen lassen. In der Heckgarage haben wir zum Beispiel ein Gurtsystem an der Decke angebracht, in dem wir unter anderem einen Teil der Surfbretter verstauen konnten. In Kombination mit den grauen Eurobox-Kisten aus dem Baumarkt ist unsere Garage so zu einem wahren Platzwunder geworden. Wir haben eine große Dachbox gekauft, für die Arne mithilfe eines Freundes einen Dachträger gebaut hat, um sie sicher und fest auf dem Camper anzubringen. Da wir ziemlich viele Dachluken haben und auf dem Auto auch noch 300 W Panels Solar verlegt sind, ist der Platz dort oben rar. Es war nicht ganz einfach, alles fachmännisch anzubringen, aber es hat geklappt. Wir haben also nicht nur in, sondern auch auf unserem Auto platzmäßig alles optimiert, was ging.

ICH PACKE MEINEN CAMPER

Was packt man eigentlich alles ein, wenn man für ein Jahr mit dem Camper verreisen möchte? Wie geht man das Thema am besten an? Wie schafft man es, den begrenzten Platz, den man zur Verfügung hat, möglichst optimal zu nutzen? Packt man anders als für eine dreiwöchige Reise? Bei uns lautete die entscheidende Frage: Wie viel mehr packen wir ein als sonst? Prinzipiell ist es ja so, dass man die wirklich essenziellen Dinge, die gebraucht werden, auch überall besorgen kann – zur Not eben online. Wir haben mehrmals unterwegs Pakete bekommen oder uns Stuff von Freunden oder Familie mitbringen lassen. Das ist immer möglich und minimiert ein bisschen den Druck, wirklich alles für ein Jahr dabeihaben zu müssen. Denn das wird man vermutlich nicht schaffen, egal wie gut man vorher plant.

Auf den nächsten Seiten findet ihr eine Sammlung der für uns nützlichsten Dinge, die wir auf keinen Fall auf der Reise hätten missen wollen. Außerdem gibt es ein paar Ideen, wie wir manches organisiert haben und was sich für uns bewährt hat. Das ist keine klassische Packliste, in der wir jeden Gegenstand aufzählen, den wir dabei hatten. Jeder hat andere Prioritäten und wir wollen uns nicht anmaßen zu behaupten, wir könnten die ultimative Packliste liefern. Denn wie gesagt: Wir haben auch unterwegs Dinge neu besorgt, bestellt, getauscht, aussortiert und verschenkt. Manchmal haben wir auch improvisiert oder uns von anderen helfen lassen. Viel lieber aber haben wir anderen mit unserem Stuff ausgeholfen. Im Großen und Ganzen können wir sagen, dass es uns in den zwölf Monaten eigentlich nie (lange Zeit) an irgendetwas gefehlt hat.

Kleidung für 365 Tage und 4 Personen

Am Anfang wusste ich echt überhaupt nicht, wie ich das Thema angehen soll. Der erste Versuch, Kleidung für uns und die Kinder zu packen, ist komplett gescheitert. Niemals hätte der ganze Kram in unser rollendes Zuhause gepasst. Also habe ich mich besonnen und noch mal von vorne angefangen. Ich habe überlegt, wie lange wir es denn, ohne Wäsche waschen zu müssen, allerhöchstens aushalten können. 14 Tage klang realistisch. Also habe ich so gepackt, als ob wir zu einer zweiwöchigen Reise aufbrechen würden. Und plötzlich war es gar nicht mehr so schwer. Es ist einfach nicht möglich, Kleidung für 365 Tage einzupacken. Aber das ist auch gar nicht nötig. Es hilft, sich darauf zu besinnen, was man wirklich braucht. Man braucht nämlich nicht viele verschiedene Sachen für alle Wetterlagen, sondern Kleidungsstücke, die gut kombinierbar sind.

Für die Kinder ist mir das Packen dann letztendlich gar nicht mehr so schwergefallen. Anton ist sehr gut aufgestellt, weil alles was für Emil zu klein wird, direkt in seinen Schrank wandert. Für Emil haben wir kurz vor der Reise relativ viel neu und auf Zuwachs, also lieber eine Größe größer, gekauft. Das wäre ohnehin nötig gewesen, völlig unabhängig von der Reise. Auch hier haben wir wieder darauf geachtet, was sich gut kombinieren lässt. Ganz viele Sachen wie Pullover und Longsleeves sind in verschiedenen Kombinationen das ganze Jahr über und bei allen Wetterlagen tragbar. Hochwertige Fleecejacken waren definitiv eine sehr gute Entscheidung. Wir lieben die Jacken von BMS für die Kinder und haben sie jetzt schon seit mehreren Jahren immer wieder in verschiedenen Größen – auf Reisen für unsere beiden ein absolutes Must-have. Robust, warm und schlicht. Und mit einer ordentlichen Regenjacke darüber lassen sie sich schnell zu einer warmen und windgeschützten Jacke umfunktionieren.

Ordentliche Caps, Wollmützen und richtig gute dicke Socken sind auch super wichtig. Genauso wie qualitativ gute Regenkleidung. Für die Jungs haben wir da immer nur diese Standard-Matschhosen, die sie auch im Kindergarten tragen. Richtigen Regen können die aber meistens gar nicht ab und am Ende war dann doch immer alles nass. Hier hätte es sich definitiv gelohnt, vorab in bessere Qualität zu investieren. Zum Glück hatten wir nicht allzu oft schlechtes Wetter und sind mit relativ wenigen so richtigen Regentagen durchs ganze Jahr gekommen. Gerade für Emil, der eigentlich immer auf kurze-Hosen-Wetter hofft und auch nicht gerne Socken trägt, war unsere Reise, was das Wetter angeht, tatsächlich der Knaller.

Wir haben eine graue Eurobox-Kiste gepackt und diese dann mit den eher sommerlichen Klamotten und Badesachen in der Heckgarage verstaut. Da wir im April losgefahren sind, hatten wir erst mal noch die wärmeren Sachen vorne in den Schränken. Als die Temperaturen dann stiegen, haben wir einfach die Sachen aus der Kiste mit denen im Schrank durchgetauscht. Unterwegs haben wir noch für mich und die Kinder sowohl Surf-Ponchos als auch Neoprenanzüge besorgt. Wer in Frankreich am Atlantik unterwegs ist und so etwas sucht, sollte unbedingt einen Stopp in Hossegor einlegen. Da gibt es ein riesiges Surf-Outlet mit einer echt großen Auswahl und guten Preisen. Dort haben wir auch noch mal zwei UV-Shirts für die Kinder mitgenommen, die sie dann viel am Strand getragen haben.

Schuhe sind bei uns immer so ein Thema für sich. Ich würde mal sagen, die Kinder sind eindeutig durch die Eltern vorbelastet, was das angeht. Sie lieben ihre Vans-Schuhe. Und die werden auch immer so lange getragen, bis sie ihnen von den Füßen fallen. Vans-Schuhe haben bei uns wirklich nur eine begrenzte Haltbarkeitsdauer, sind dafür aber auch tagtäglich im Gebrauch und werden hart beansprucht. Meistens geht dann das Auseinanderfallen mit dem nicht mehr Passen einher und wir besorgen neue. Das war schon zu Hause so und auch unterwegs haben wir die Chance genutzt, wenn sie sich bot. Ansonsten hatten wir für die beiden noch Gummistiefel und ein paar festere Schuhe dabei. In einer Kiste in der Heckgarage haben wir alle Schuhe aufbewahrt und zwischendurch getauscht. Vor allem für Anton hatten wir Schuhe in verschiedenen Größen dabei. Das ist aber leider nicht immer aufgegangen und wir mussten auch für ihn zwischendurch neue Schuhe besorgen. Unser eigenes Schuh-Setup war ähnlich wie das der Kinder: feste Schuhe, Vans, Birkenstock und Joggingschuhe. Für vier Leute kommt da einiges zusammen und die Kiste in der Garage war schnell gefüllt.

Eine Sache bezüglich der Klamotten finde ich noch wichtig, zu erwähnen: Unterwegs haben wir meist in Waschsalons unsere Wäsche gewaschen. Zwischendurch auch mal auf dem Campingplatz, aber das eigentlich eher selten. Wenn man im Waschsalon wäscht, ist es nahezu unumgänglich den Trockner zu benutzen. Zum einen ist es natürlich praktisch, zum anderen hat man meist gar nicht die Möglichkeit, Wäsche von zwei Wochen und vier Personen irgendwo zum Trocknen aufzuhängen.

Schon gar nicht, wenn man freisteht. Der Trockner war also meist eine dankbare Lösung. Das bedeutet aber natürlich auch, dass am Ende fast alle unsere Sachen im Trockner gelandet sind. Nicht wie zu Hause nur die Kinderwäsche und die Handtücher. Man sollte sich im Klaren darüber sein, dass die Kleidung über das Jahr hinweg alleine davon schon ganz schön beansprucht wird. Die Teile, die einer extra Pflege bedürfen, sollten vielleicht lieber zu Hause im Schrank bleiben.

Wir haben uns echt Mühe gegeben, uns einzuschränken und eigentlich sehr minimalistisch gepackt. Zumindest war das der Eindruck, als wir losgefahren sind. Im Nachhinein kann man sagen: Wir hatten echt viel zu viel dabei! Vielleicht hätte sogar die Hälfte der ursprünglich ge- packten Klamotten ausgereicht. Aber gut, das ist ja bei einem 14-tägigen Urlaub meistens auch nicht anders.

Ein Kinderzimmer auf Rädern

Das mit den Spielsachen hat überraschenderweise von Anfang an total gut und simpel funktioniert. Wir haben vorab mit den Jungs darüber gesprochen, was unserer Meinung nach Sinn macht mitzunehmen. Dann haben wir ihnen eine der grauen Eurobox-Kisten ins Zimmer gestellt und abgemacht: Alles, was reinpasst, darf mit. Es wurde eine Weile aus- probiert, überlegt und auch immer mal wieder getauscht. Aber am Ende war die Kiste voll. Wir haben uns dann gemeinsam noch mal alles ange- schaut und die letzten Optimierungen vorgenommen. Die Jungs hatten die Sachen, die ihnen wichtig sind, dabei und waren damit zufrieden.

Gemeinsam haben wir einen großen Stapel Bücher ausgesucht. Bei den Büchern haben wir darauf geachtet, dass für beide etwas dabei ist. Außerdem haben wir eher die ausgewählt, bei denen es viel vorzulesen gibt. Und natürlich alle Pixie-Bücher, die wir finden konnten. Aufgrund des kleinen Packmaßes sind sie perfekt für eine Reise. Unsere beiden sind zwar nicht die klassischen Bastelfans – Stifte, Papier, Schere, Kleber und eine Kordel habe ich trotzdem zusammengesucht. Außerdem Mal- bücher und für Emil ein paar Rätsel- und Vorschulhefte.

Die Jungs hören total gerne Hörspiele und Musik. Also haben wir ihre Tonie-Box und die dazugehörigen Figuren eingepackt. Die Box ist für eine Reise im Camper gut geeignet. Die Kinder können sie selbst- ständig nutzen, sie ist robust und nimmt nicht viel Platz in Anspruch.

Auch wenn die Box ein tolles Produkt ist, hätten wir sie im Nachhinein doch gar nicht unbedingt gebraucht. Unterwegs wurden zwar viele Hörspiele gehört, aber meistens direkt über unsere portable Bluetooth Box. Es gibt sehr viele gute Hörbücher auf Spotify und mittlerweile habe ich eine echt große Mediensammlung für die Jungs auf meinem Rechner. Wir haben oft mit anderen Familien unsere Hörbuchdateien getauscht – die Sammlung ist also stetig gewachsen. Vor der Reise haben die Jungs noch eigene Kopfhörer bekommen, die sie aber meistens nur zum iPad-Schauen während der Fahrt benutzt haben.

Ein sehr wichtiges Reise-Gadget für die Kinder waren die tiptoi-Bücher und der dazugehörige Stift. Die beiden konnten sich manchmal stundenlang mit den Büchern beschäftigen, sowohl alleine als auch gemeinsam. Sehr dankbar für lange Autofahrten. Oder aber für kleine Pausen,

um zur Ruhe zu kommen. Anton hat oft tagsüber hinten auf dem Bett gesessen und die Bücher angeschaut. Wir haben dann sogar unterwegs noch drei neue besorgt. Unter anderem ein Buch zum Englisch lernen. Vor allem Emil hatte Spaß daran, die Sprache kennenzulernen und die neu gelernten Begriffe im besten Fall direkt auszuprobieren.

Für Lego begeisterte Kinder können wir die Teebee-Box empfehlen. Die Spielzeugkiste für unterwegs ist so konstruiert, dass bereits Kleinkinder sie sich während der Autofahrt gut zwischen die Beine klemmen und damit spielen können. Man kann sie für alles Mögliche nutzen, wir haben in ihr eine Auswahl an Lego-Steinen transportiert. Eine mitgelieferte Lego-Bauplatte lässt sich in einem der ausklappbaren Deckel festkleben, sodass man auch in bzw. auf der Box spielen und bauen kann. Die Kinderrucksäcke wurden randvoll gepackt mit den wichtigsten Matchbox-Autos. Ich habe noch UNO und Memory eingepackt und zwei kleine Logikspiele aus der SmartGames Reihe. Auf die bin ich durch Zufall gestoßen, kurz bevor wir losgefahren sind. Das sind kleine, handliche und echt kniffflige Rätselspiele mit unterschiedlichen Schwierigkeitsstufen. Eine praktische Beschäftigung für unterwegs, nicht nur für die Kinder.

Neben den Spielsachen, die die Jungs aus der Wohnung mit in den Camper genommen haben, hatten wir in der Heckgarage noch eine Kiste mit Spielzeug. Hauptsächlich Sachen für draußen. Sandspielzeug, Bälle, ein Frisbee und ein Boule-Spiel, große Styroporflieger und ein Schnitzmesser. Aber auch ein paar der anderen Spielsachen aus dem Kinderzimmer in Hamburg. Durch den begrenzten Platz im Auto war es nicht möglich, alles im Camper zu verstauen. Die Jungs konnten also auch immer mal wieder mit den Spielsachen aus der Kiste in der Garage durchtauschen. Das hat gut geklappt und man hatte das Gefühl, für sie war es fast wie Weihnachten, wenn sie irgendwas in der Kiste hinten entdeckt und nach vorne getauscht haben.

Küche und Kochen unterwegs

Zum Kochen haben wir in unserem Camper zum Glück ausreichend Platz. Neben einem einigermaßen großen Kühlschrank, einem kleinen Gefrierfach, drei Gaskochfeldern und einem Spülbecken haben wir noch mehrere Schubladen und zwei Hängeschränke, um Dinge zu verstauen. Natürlich ist das kein Vergleich mit dem Platz, den man in einer normalen

Küche zur Verfügung hat. Man muss sich schon einschränken und schlau packen, um alles unterzubekommen, was man mitnehmen möchte. Wir haben noch drei Fächer in unserem Unterboden, von dem wir das Größte oft zur Aufbewahrung von zusätzlichen Vorräten genutzt haben.

Wir kochen gerne, viel und frisch. Natürlich lieben wir es, auch in anderen Ländern und Regionen zu essen und landestypische Gerichte auszuprobieren. Aber hauptsächlich versorgen wir uns im Camper selbst. Eine große Auswahl an Gewürzen war dafür ziemlich wichtig. Da wir unsere Wohnung in Hamburg aufgelöst hatten, haben wir ganz einfach alles, was an Gewürzen da war, aussortiert und in den Camper gepackt.

Bisher hatten wir ein recht buntes Melamingeschirr im Camper. Große und kleine Teller, Schalen und Becher in grau und gelb. Das war nicht schlecht, aber so richtig gut fanden wir es irgendwie auch nie. Weder vom Aussehen noch von der Haptik. Das Geschirr war zwar leicht und robust – zum Campen also gut geeignet, aber da wir vorhatten, es ein Jahr täglich zu benutzen war uns beiden recht schnell klar, dass da was Neues her muss. Wir haben uns verschiedene Sachen angeschaut und uns letztendlich für ein ganz schlichtes Emaille Geschirrset entschieden. Emaille ist ebenfalls robust, durch die glatte Oberfläche leicht zu reinigen und kratzfest. Der größte Vorteil: Man hat nicht wie bei Melamingeschirr das Gefühl, von Plastiktellern zu essen. Das Geschirr hat über das Jahr gut gehalten – bei einem Teller ist nach einem Sturz auf harten Untergrund eine kleine Stelle abgeplatzt, aber ansonsten hat es den Härtetest definitiv bestanden.

An der Algarve haben wir einen Freund getroffen, der bei einer Fotoproduktion für einen großen Campinghersteller mitgewirkt hat. Am Ende der Produktion gab es super viel Stuff, der lediglich als Requisite für das Shooting gedient hatte und anschließend nicht mehr gebraucht wurde. Wir haben einiges geschenkt bekommen, unter anderem ein neues Topfset. Somit konnten wir unsere alten auch eher unpraktischen Töpfe endlich aus dem Camper verbannen. Die neuen Töpfe lassen sich platzsparend zusammensetzen, sind aus rostfreiem Edelstahl und haben praktische Silikon-Handgriffe für eine bessere Handhabung.

Richtig viel im Einsatz und ein absolutes Must-have in unserer Küche war ein einfacher Pürierstab. Wir haben ihn selbst oft benutzt und sogar das ein oder andere Mal an nette Nachbarn verliehen. Ob Pesto, Humus, Suppe oder selbst gemachtes Eis aus Früchten – es hat sich definitiv gelohnt ihn dabei zu haben und viel Platz nimmt er ja zum Glück auch nicht in Anspruch.

Als Zusatz zu unserer eigentlichen Küche im Camper haben wir uns noch einen kleinen Weber Gasgrill und eine einflammige Gaskochplatte für draußen besorgt. Wir haben außen am Camper einen zusätzlichen Gas-anschluss und können beides gut und ohne großen Aufwand nutzen. Eigentlich grillen wir lieber auf Holzkohle, aber da es in den letzten Jahren schon aufgrund der Waldbrandgefahr an vielen Stellen nicht erlaubt war mit Kohle zu grillen, haben wir uns für die Gasvariante entschieden. Der kleine Grill passt praktischerweise genau in eines unserer Außen-fächer am Auto. Wir haben ihn nicht nur zum klassischen Grillen genutzt, sondern auch zum Brötchen aufbacken oder für selbstgemachte Pizza. In Italien haben wir es einfach ausprobiert und Pizza auf dem Grill ge-macht – ohne extra Pizzastein, direkt auf dem Rost. Den Teig einfach klein portioniert ausrollen, mit einer Seite auf den Grillrost legen und den Deckel schließen. Wenn die Seite langsam knusprig wird, den Teig runter-nehmen, drehen, belegen, Käse drauf und zurück auf den Grill. Super lecker! Das war vor allem ein Essen, das wir gerne und häufig gemacht haben, wenn wir mit mehreren unterwegs waren. Ob in Frankreich am See mit den neu kennengelernten Freunden aus Essen oder in Dakhla mit zehn Leuten an Silvester. Ein gutes Essen zur Resteverwertung und um mit allen zusammenzuschmeißen – jeder gibt dazu, was er noch so hat und dabei kommt eine leckere Pizza raus. Die einflammige Gaskoch-platte haben wir meistens zum Braten genutzt. Wer einmal Garnelen im Camper gebraten hat, weiß wieso.

Eine Sache haben wir erst so richtig während der Reise kennengelernt: den Omnia Campingbackofen. Ich bin zwar schon vorher mal darüber gestolpert und fand es auch ganz spannend, gekauft habe ich ihn aber nicht. In unserer Zeit in der Westsahara standen wir dann ziemlich lange mit den gleichen Leuten an einem Platz. Einer unserer netten Nachbarn hatte einen Omnia und wir durften ihn uns ausleihen, um verschiedene Sachen auszuprobieren. Bananenkuchen für die Kinder oder Zimtschne-cken, weil uns die Franzbrötchen aus Hamburg so sehr gefehlt haben. Kartoffelgratin, Nudelauflauf, selbst gemachtes Brot oder Brötchen. Man kann dadurch sein Repertoire an Rezepten im Camper ziemlich schnell und simpel ausbauen. Ich wollte ihn gar nicht wieder hergeben! Als wir dann aus Marokko zurück nach Europa gekommen sind und ohnehin wegen einem Ersatzteil fürs Auto bei einem Campingshop an der Algarve halten mussten, gab es dort zufällig auch den Omnia Backofen. Dieses Mal bin ich nicht daran vorbeigelaufen, sondern habe ihn mitgenommen.

Es gab aber auch Dinge, die wir auf der Reise in unserer Küche durchaus vermisst haben. Zum Beispiel ein direkt im Auto verbauter Trinkwasserfilter. In den zwölf Monaten, in denen wir unterwegs waren, haben wir fast ausschließlich Wasser aus Plastikflaschen oder Plastikkanistern getrunken. Wenn man darüber nachdenkt, ist das ja ein absoluter Albtraum! Leider fehlt in den südlichen Ländern oft die Alternative. Mehrmals haben wir aber andere Camper kennengelernt, die einen Trinkwasserfilter im Auto verbaut hatten und total zufrieden damit waren. Es gibt ganz unterschiedliche Möglichkeiten zur Wasseraufbereitung im Camper, aber vermutlich ist jede davon besser, als immer das Wasser in diesen ätzenden Plastikverpackungen zu kaufen. Wir werden uns mit dem Thema jetzt noch mal beschäftigen und hoffentlich auch bald einen passenden Filter einbauen.

Gadgets für den Campervan

Natürlich hatten wir auch ein paar Elektrogeräte mit dabei. Obwohl wir versucht haben wirklich nur das Nötigste mitzunehmen. Bevor wir losgefahren sind, haben wir eine Innenraumversicherung für unseren Camper abgeschlossen. Damit wäre zumindest ein bestimmter Betrag abgedeckt gewesen, wäre es zu einem Diebstahl gekommen. Unser Auto wurde auch einmal in Frankreich auf einem Strandparkplatz in Carcans aufgebrochen. Zum Glück wurde aber nichts geklaut. Umso mehr Wertgegenstände man dabei hat, umso gefährlicher ist es eben auch.

Für mich war mein E-Book Reader ein sehr wichtiges Gerät. Wenn man gerne liest und so eine Reise macht, gibt es kaum eine bessere Alternative. Ich habe in den zwölf Monaten ungefähr 50 Bücher gelesen – die hätten ja niemals im Camper Platz gefunden. Klar habe ich, wenn ich lese, eigentlich lieber ein richtiges Buch in der Hand. Da das aber nun mal aufgrund von Platz und Gewicht nicht ging, war ein Kindle die perfekte Alternative. Das Display ist super und funktioniert sowohl in der direkten Sonne als auch dank des integrierten Lichts im Dunkeln. Die Akkulaufzeit ist mega, man muss das Gerät auch bei regelmäßiger Nutzung nur alle paar Wochen aufladen. Und ein weiterer Vorteil: Arne hat sich die Kindle-App auf sein Telefon gezogen. Dadurch konnte er die ganzen Bücher, die ich mir gekauft und geladen habe, auch lesen. Zwar nur auf dem etwas kleineren Handy Bildschirm, aber immerhin. Da wir einen ähnlichen Buchgeschmack haben war das praktisch. Zu Hause werde ich wohl wieder zum richtigen Buch greifen, aber für Reisen ist das E-Book einfach praktischer.

Ansonsten hatten wir noch unseren Bluetooth-Lautsprecher dabei. Zum Musik hören und für die Kinder, um Hörbücher zu streamen. Super praktisch, nimmt nicht viel Platz weg, ist portabel und hat auch eine sehr lange Akkulaufzeit. Als Alternative zum Babyphone haben wir uns eine Security Cam angeschafft. Damit hat man eine unbegrenzte Reichweite und kann die Kamera sowohl als Babyphone als auch als Alarmanlage übers WLan nutzen. Dann noch einen Laptop, zwei Festplatten, um zwischendurch Fotos und Daten zu sichern, eine gute Stirnlampe (besser wären sogar zwei gewesen) und eine kleine Digitalkamera. Die Kamera hat sich Emil relativ schnell geschnappt und richtig Freude am Fotografieren entwickelt. Das war super. Wir haben zwar auch eine ganz gute Spiegelreflexkamera mit verschiedenen Objektiven, haben uns aber ganz bewusst dazu entschieden, sie zu Hause zu lassen. Auch wenn das Fotografieren damit Spaß macht, ist es doch immer eine ganze Menge Kram, den man mitschleppen muss. Gleichzeitig bin ich nicht so sicher im Umgang mit der Kamera und dadurch ist meistens eine schnelle Aufnahme von spontanen Schnappschüssen schwierig. Wir hatten uns zu dem Thema vorab mit zwei Fotografen unterhalten. Sie haben uns empfohlen, lieber Geld in ein gutes Handy mit starker Kamera zu investieren. Genau das haben wir letztendlich auch gemacht und sind total happy mit dem Ergebnis. Sicherlich wäre im Nachhinein eine Drohne auch ein schönes Spielzeug für uns gewesen, um tolle Bilder zu machen. Vermutlich werden wir uns früher oder später noch eine anschaffen. Gefehlt hat definitiv eine gute Powerbank. Das wäre einfach praktisch gewesen, um besser mit dem Strom zu haushalten. Man kann die Powerbank während der Fahrt aufladen und muss dann später nicht den Strom der Aufbaubatterie zum Laden der einzelnen Geräte nutzen.

Wohin mit Surfbrett, Fahrrad und Co?

Die Heckgarage in unserem Camper ist mit das Beste an unserem Auto. Wir haben hier wirklich reichlich Platz, den wir aber auch durchaus brauchen. Von unseren bisherigen Reisen haben wir gelernt und es geschafft, den Platz wirklich optimal auszunutzen. Wir haben uns mehrere

Eurobox-Kisten im Baumarkt besorgt, da die Kisten sich platzsparend hinten drin stapeln lassen und man viel in ihnen unterbekommt. Wir haben sie vorab beschriftet und dann gepackt. Insgesamt hatten wir sieben solcher Kisten.

Eine war gefüllt mit Spielzeug für draußen. Sandspielzeug, Beachball-Set, Bälle und vieles mehr. In der nächsten Box haben wir Kleidung unter-gebracht, die wir nicht von Anfang an im Auto haben wollten. Also die eher sommerlichen Teile, Badesachen und unseren Joggingkram. Die ganzen kleineren Campingutensilien wie Saugnäpfe, Klappspaten, Wäscheleine, Solardusche, Abwaschschüssel und alles, was man sonst noch braucht, haben in der Camping-Kiste ihren Platz gefunden. Arne hat vor der Reise sein ganzes Werkzeug sortiert und eine Kiste mit allem gepackt, was wir unterwegs brauchen könnten. Im Nachhinein war es eine gute Entscheidung, so viel Werkzeug mitzunehmen. Sowohl an unserem Auto als auch an Fahrzeugen von Leuten, die wir unterwegs getroffen haben, gab es immer mal wieder etwas zu reparieren. Eine weitere Kiste war gefüllt mit Schuhen. Gummistiefel, feste Schuhe, Badelatschen – für vier Personen kommt da schnell einiges zusam-men. Dann noch die Surf-Kiste mit allem rund um den Wassersport, also der Windsurfstuff, Surfwachs, Finnen, Leash usw. Und zu guter Letzt die Auto-Kiste. Hier war alles drin, was wir rund um den Camper dabeihatten. Verlängerungskabel für Landstrom, Schläuche zum Auf-füllen der Wassertanks, einen universal Wasserhahn-Adapter – auch Wasserdieb genannt und ein Euro-Adapter-Set für die Nutzung der unterschiedlichen Gasflaschen in Europa. Damit waren alle Kisten voll und haben einen großen Teil des Platzes in der Garage eingenommen. Und trotzdem haben wir noch jede Menge anderen Kram unterge-bracht. Wir hatten vier Fahrräder dabei und einen Kinderfahrradsitz. Zu Beginn der Reise haben wir den Sitz immer mal genutzt, um größere Touren zu unternehmen. Als Anton dann aber richtig Fahrrad fahren konnte, haben wir ihn recht schnell an Freunde verschenkt. Es ist ein-fach ein sehr sperriges Teil, das dann in der Garage irgendwie immer nur im Weg war.

Natürlich hatten wir einen großen Campingtisch und vier Stühle dabei. Und für die Kinder noch einen kleinen Tisch mit passenden Campingstühlen, an dem sie gut draußen spielen konnten. Wir haben den kleinen Tisch auch immer mal zum Essen draußen genutzt, wenn wir den großen nicht rausholen wollten. An manchen Plätzen ist es nicht erlaubt zu campen, also Tische und Stühle rausstellen usw. Da war es dann einfacher, nur schnell den kleinen Tisch für die Kinder aufzubauen.

Arne hat Bock auf jegliche Art von Wassersport. Wir hatten also von allem etwas dabei. Zwei Wellenreiter, zwei Windsurfbretter, vier Segel, zwei Masten, ein Kiteboard und drei Kites. Einen Teil davon haben wir auf dem Dach und in der Dachbox verstaut. Kite-Drachen, Trapez und Wellenreiter haben noch einen Platz in der Garage gefunden. Unterwegs haben die Jungs sich dann noch ein Skimboard gekauft. Die letzten freien Stellen wurden mit Kleinkram wie einer Picknickdecke, einer Yogamatte und Fahrradhelmen gefüllt. Wir haben alles, was wir gerne mitnehmen wollten untergebracht und den Platz im Nachhinein echt optimal genutzt.

ONLINE DURCH EUROPA

Bevor wir losgefahren sind, haben wir uns Gedanken darüber gemacht, wie wir es mit dem Internet im Camper am besten lösen können. Bisher war das noch nicht so wichtig, weil für Wochenendtrips oder einen mehrwöchigen Sommerurlaub das Datenvolumen unserer Handyverträge eigentlich immer ausgereicht hat. Für die große Reise wollten wir aber unbedingt eine Alternative, die sicherstellt, dass wir immer Zugriff auf gutes Internet haben.

Arne hat sich intensiv damit beschäftigt und im Netz echt viele Seiten und Tipps dazu gefunden. Letztendlich haben wir uns dazu entschieden, einen LTE Router von Huawei im Auto zu verbauen. Der Vorgänger von unserem Modell wurde an vielen verschiedenen Stellen empfohlen und klang sehr solide. Arne hat also im Camper zwölf Volt Dauerstrom an die Stelle legen lassen, an die der Router kommen soll und hat dann den normalen Netzstecker abgeschnitten und zwölf Volt angelegt. Das Gerät hat er super easy mit Klett versteckt in einem Fach im Auto angebracht. Der Router hat Anschlüsse für externe Antennen und Arne hat zwei Rundantennen auf dem Dach verklebt. Auch wieder ganz simpel mit doppelseitigem Klebeband, um bei Berührung mit Bäumen sicherzustellen, dass die Antennen nicht abbrechen, sondern nur umknicken.

Über eine dazugehörige App lässt sich der Router bequem vom Handy aus verwalten und es ist möglich über die App SMS zu empfangen und zu versenden. Das ist praktisch und darauf sollte man auch unbedingt achten, da man bei manchen Netzbetreibern den Freischaltcode für die jeweilige SIM Karte per SMS erhält bzw. anfordern muss.

Wenn wir in ein neues Land kommen, besorgen wir uns immer eine heimische SIM-Karte. Der Vergleich von einzelnen Anbietern und Tarifen ist ja in Deutschland meist schon schwierig, im Ausland ist es leider auch nicht viel einfacher. Daher beschreibe ich euch kurz, für welchen Anbieter wir uns in den verschiedenen Ländern entschieden haben, wie die Konditionen in etwa sind, wo ihr die Karten bekommt und wie ihr sie am einfachsten verwaltet.

Frankreich

Ich hatte vorab ein bisschen recherchiert und mich schnell für den Anbieter FREE entschieden. Das war definitiv eine gute Wahl, die Handhabung ist sehr einfach und unkompliziert. Die Karte kostet einmalig 10 Euro und für weitere 19,90 Euro bekommt man 100 GB Datenvolumen mit einer Gültigkeit von 30 Tagen. Die Menge an Daten für diesen Preis ist wirklich mehr als fair. Wir haben es bisher nicht geschafft, die 100 GB innerhalb eines Monates zu verbrauchen. Die Netzabdeckung ist super, wir hatten auch an den entlegensten Orten mindestens gutes Internet, meistens allerdings ein stabiles 4G Netz.

FREE bietet die Möglichkeit, die SIM für mehrere Monate zu nutzen und immer wieder aufzuladen. Das haben wir aber nicht gemacht, denn dafür muss man einen Vertrag über ein Abonnement abschließen. Das

Abo ist dann wieder nur kompliziert schriftlich kündbar usw. – das haben wir uns lieber gespart. Wir haben jeden Monat eine neue SIM Karte gekauft und somit immer 29,90 Euro für 100 GB bezahlt. Die Karte kann auch außerhalb von Frankreich genutzt werden, dort reduziert sich das Datenvolumen dann aber auf 25 GB im Monat.

Die SIM Karten kauft man an einem Automaten, der in verschiedenen Läden, meist in Kiosken oder Zeitschriftenläden zu finden ist. Auf der Internetseite des Anbieters gibt es eine Karte, auf der alle Automaten verzeichnet sind, so kann man easy einen in seiner Nähe finden. Man benötigt eine Kreditkarte und eine französische Adresse. Da man aber keinen Vertrag oder ähnliches abschließt, sondern nur eine Prepaid Karte erwirbt, habe ich einfach immer die Adresse von dem Laden, in dem der Automat stand, angegeben. Das klappt ohne Probleme. Den Automaten kann man leider nicht auf eine andere Sprache einstellen. Für diejenigen, die nicht so fit in der französischen Sprache sind: Auf meinem Blog www.ourlifeisbetteroutside.de findet ihr in dem Artikel Internet unterwegs eine detaillierte Anleitung, die helfen wird, den Automaten richtig zu bedienen.

Spanien

In Spanien wird es ein kleines bisschen komplizierter und leider auch etwas teurer. Wir haben uns für den Anbieter SIMYO entschieden. Da sich hier die Tarife sehr oft ändern, nur als Anhaltspunkt: Wir haben 17 Euro für 32 GB bezahlt. SIMYO macht aber ganzjährig viele Specials und bietet die unterschiedlichsten Boni an. Wir haben beispielsweise zum Black Friday 17 GB geschenkt bekommen.

SIMYO-Karten bekommt man in größeren Supermärkten oder bei der Ladenkette PC BOX. Wir haben es erst bei Carrefour probiert, allerdings wollte man uns hier keine SIM-Karte ohne spanische Adresse verkaufen. Die PC BOX Läden findet man in jeder etwas größeren Stadt und dort hat es auch unkompliziert funktioniert.

Hat man die Karte, kann man sie ganz einfach über www.simyo.es verwalten und genau sehen, wie viel Datenvolumen man schon verbraucht hat. Man loggt sich auf der Seite mit seiner Telefonnummer und der PUK, die mit auf der SIM Karte angegeben ist, ein. Sobald das Datenvolumen aufgebraucht ist, kann man seinen Saldo zum Beispiel an vielen Repsol-Tankstellen aufladen. Dafür benötigt man nur die eigene Telefonnummer. Das Aufladen ist in Fünferschritten möglich und sobald das Guthaben aufgeladen ist, kann man über die SIMYO Seite das Guthaben in Datenvolumen umwandeln.

Portugal

Am einfachsten an mobiles Internet zu kommen, war es in Portugal. Der Anbieter NOS bietet für 30 Euro grenzenloses Internet für jeweils 30 Tage. Also für 1 Euro am Tag unbegrenzt surfen. Das Angebot heißt Kanguru Livre und in ganz Portugal gibt es NOS-Läden. Über Google Maps kann man nach dem nächstgelegenen Shop suchen und dort eine SIM-Karte kaufen. Die Karte kann man monatlich aufladen. Die Netzabdeckung ist gut. Wir sind einmal komplett die Küste entlang gefahren und haben zwischendurch auch super abgelegen gestanden. Mit Ausnahme von einem Spot, hatten wir immer richtig gutes Internet. Aber wir haben von Leuten, die wir unterwegs getroffen haben, gehört, dass NOS an manchen Stellen im Inland nicht so gut funktioniert hat. Hier wäre dann wohl der Anbieter MEO besser, der kann aber bei den Preisen von NOS leider nicht mithalten.

Marokko

In Marokko haben wir uns für den Anbieter MAROC TELECOM entschieden. Bei unserem ersten Stop in Asilah haben wir uns in einem MAROC TELECOM Shop eine Prepaid-Karte für unseren Router und 20 GB Guthaben gekauft. Die Netzabdeckung war überall super, selbst fernab der Städte und mitten in der Wüste. 1 GB Datenvolumen kostet 10 MAD. Überall, auch in den kleinsten Orten, bekommt man Aufladekarten mit denen man neues Guthaben auf die SIM-Karte laden kann. Auf den Rubbelkarten findet man eine zehnstellige Nummer, die man dann per SMS an die 555 schickt. Wenn man nur Datenvolumen aufladen möchte, muss man bei der Nummer noch die *3 anhängen. Das aktuelle Guthaben lässt sich mit einer SMS an die Nummer 580 ganz einfach abfragen.

UNSERE REISEKASSE

Die wohl meist gestellte Frage, die uns sowohl bei der Planung der Reise als auch unterwegs immer wieder begegnet ist, war: Wie schafft man es eigentlich eine solche Reise zu finanzieren, ohne groß was auf der hohen Kante liegen zu haben? Genau diese Frage haben auch wir uns vorab immer gestellt. Und ehrlich gesagt hat sie uns oft davon abgehalten so eine Auszeit überhaupt zu planen.

Natürlich braucht man finanzielle Mittel, um so eine Reise starten zu können. Klar kann man auch per Anhalter und mit Zelt durch die Welt reisen. Das kam für uns und in unserer Konstellation aber nicht in Frage. Als dann der Wunsch eine Auszeit zu nehmen konkreter wurde, sind wir das Ganze relativ strukturiert und nüchtern angegangen.

Wir haben als erstes gecheckt, wie wir das mit unserer Arbeit am besten lösen können. Arne ist Berater in der E-Commerce-Branche und hat letztendlich bei seinem Arbeitgeber Elternzeit beantragt. Was viele nicht wissen: Man hat pro Kind Anspruch auf 36 Monate Elternzeit. Zwölf von diesen 36 Monaten muss man nehmen, bevor das Kind drei Jahre alt wird. Den Rest kann man zwischen dem dritten und dem achten Geburtstag aufteilen. Direkt nach Antons Geburt war ich zwölf Monate in Elternzeit, wir hatten also noch 24 Monate übrig und die Voraussetzungen für eine weitere Elternzeit waren erfüllt. Elternzeit bedeutete in unserem Fall zwar keinen Anspruch auf Elterngeld, aber zumindest Beitragsfreiheit in Kranken- und Sozialversicherung für Arne. Durch meine Selbstständigkeit bin ich freiwillig gesetzlich krankenversichert und habe die Krankenversicherung für Deutschland während der Reise weiter bezahlt.

Der nächste Schritt war zu klären, wie viel Geld wir auftreiben können, um die Reise zu finanzieren. Wir haben unseren VW-Bus verkauft – wegen der Dieselkrise allerdings nicht so erfolgreich, wie wir es uns ursprünglich erhofft hatten. Der Verkauf war ohnehin geplant, weil wir in der Stadt kein so großes Auto brauchten. Wir haben den Bus, seit wir den großen Camper hatten, auch ausschließlich als PKW genutzt. Gleichzeitig haben wir begonnen auszumisten. Und zwar so richtig! Wir haben unsere Wohnung aufgelöst und viel verkauft. Nicht alles, aber viel. Einen Teil der Möbel, der uns nicht wichtig war und alles was sich so über die Jahre im Keller angesammelt hat. Ebay-Kleinanzeigen, Kleiderkreisel, Flohmarkt – dadurch haben wir zusätzlich eine gute Summe eingenommen.

Anschließend wussten wir also grob, was wir an Geld zur Verfügung haben würden. Der nächste Schritt war, die laufenden Kosten soweit wie möglich zu senken. Unsere Wohnung in Hamburg-Altona haben wir aufgegeben. Mitgliedschaften in Vereinen wurden gekündigt und unnötige Versicherungen aufgelöst oder pausiert. Was dann an Fixkosten noch übrig blieb, waren unsere Krankenversicherungen, Kfz-Steuer, Autoversicherung, Haftpflicht, Handyverträge und ein paar kleinere Sachen wie ADAC, Bankkosten oder Abos. Also letztendlich sehr überschaubar.

Wir hatten also einen Plan für unsere Auszeit bei der Arbeit, die Fixkosten wurden rapide gesenkt und gleichzeitig haben wir alles, was uns nicht wirklich wichtig war, versucht zu Geld zu machen. In den drei Monaten vor dem Start der Reise, habe ich noch so viel wie möglich gearbeitet und ganz unterschiedliche Projekte gemacht, um möglichst viel Geld zu verdienen.

Neben der ganzen Planung, wie wir Geld für die Reise zusammenbekommen, haben wir uns parallel Gedanken darüber gemacht, was wir unterwegs an Ausgaben haben werden. Die Fixkosten waren relativ schnell klar, die variablen Kosten aber eher schwierig einzuschätzen. Man findet super viel dazu im Netz. Viele Reisende legen ihre Zahlen und Ausgaben offen, sodass man sich daran orientieren kann. Das hilft allerdings nur zur Orientierung. Jeder Reisende hat einen anderen Fokus und ist in einem anderen Setup unterwegs. Man kann also ein paar Sachen sicherlich für sich ableiten, eine komplette Kostenaufstellung, die man 1:1 übernehmen kann, findet man aber nicht.

Wir haben überlegt, welche variablen Kosten auf uns zukommen werden: Benzin, Maut, Stellplätze, Lebensmittel bzw. Einkauf, Gas, Internet und Waschen. Bei den Stellplätzen haben wir für uns entschieden, mit zehn Euro pro Übernachtung zu kalkulieren. Natürlich war klar, dass wir nicht jede Nacht genau diesen Betrag bezahlen werden. Die Campingplätze in Frankreich zum Beispiel sind teuer und es gibt wenig Möglichkeiten freizustehen. In Spanien und Portugal werden wir dann aber weniger Kosten für Stellplätze haben, weil wir dort viel freistehen können. So gleicht sich das dann über die Monate hinweg aus.

Genauso ist es letztendlich bei allen variablen Kosten. Jeder muss für sich selbst festlegen, welchen Standard er unterwegs haben möchte. Möchte man viel essen gehen oder kocht man doch eher selbst im Camper? Wie regelmäßig möchte man irgendwelchen touristischen Aktivitäten nachgehen, die in der Regel eher teuer sind? Das Leben in Frankreich

(Maut, Einkauf, Benzin etc.) ist zum Beispiel deutlich teurer als das Leben in Marokko. Ganz genau kann man das alles nicht planen, aber wenn man grob weiß, wie lange man in den jeweiligen Ländern sein wird, ist eine Schätzung durchaus möglich. Hilfreich ist, wenn man vorab schon weiß, ob Fährfahrten geplant sind und welche Route man ungefähr nehmen möchte. Das macht die Planung einfacher.

Zu den Fixkosten auf der Reise kommt noch die Langzeit-Auslandskrankenversicherung für die ganze Familie. Wir haben ein bisschen recherchiert und uns für den Anbieter STA-TRAVEL entschieden. Eine Reisekrankenversicherung für uns vier ohne Selbstbeteiligung für alle Länder außer USA und Kanada hat uns für zwölf Monate knapp 1.200 Euro gekostet. Wir mussten zum Glück nur zwei Mal von der Versicherung unterwegs Gebrauch machen und beide Male war die Abrechnung und Kommunikation im Nachhinein super unkompliziert.

Als wir eine klare Summe an verfügbarem Geld und eine geschätzte Zahl der monatlichen Kosten ermittelt hatten, haben wir uns ausgerechnet, wie lange wir reisen können (natürlich immer vorausgesetzt, es läuft wie geplant – zumindest einigermaßen). Wir haben die Reisezeit letztendlich abhängig von den tatsächlich entstehenden Kosten gemacht. Sollte also etwas Unvorhergesehenes passieren, zum Beispiel eine größere Reparatur am Auto, müssten wir entweder an anderer Stelle sparen oder die Reise früher beenden. Diese Vorstellung hat uns entspannt und uns gezeigt, dass es möglich ist loszufahren. Bei der Rechnung kamen 14 Monate raus, also sogar mehr, als wir ursprünglich geplant hatten.

Unterwegs haben wir die App Money Manager benutzt. Ein Art Haushaltsbuch, in der man sämtliche Ausgaben eintragen kann. Man legt seine eigenen Sparten an, denen man dann die jeweiligen Kosten zuordnet. Die Handhabung ist unkompliziert und geht schnell. Man hat einen guten Überblick über seine Ausgaben, kann sich anschauliche Statistiken anzeigen lassen und dadurch die Monate auch gut miteinander vergleichen.

Wir haben nach einiger Zeit gemerkt, dass wir mit unserer finanziellen Planung gut hinkommen. Wir haben letztendlich ein bisschen weniger Geld ausgegeben, als wir ursprünglich geplant hatten. Wir hatten in den zwölf Monaten aber auch keine größeren Reparaturen am Camper oder sonstige unerwartet hohe Ausgaben. Dafür macht es Sinn, ein kleines Polster zu haben, das man dann aber im besten Fall gar nicht anzurühren braucht.

FAMILIENALLTAG UNTERWEGS

Unser Alltag in Hamburg war vermutlich ähnlich wie der Alltag vieler junger Familien. Während Arne Vollzeit als Angestellter gearbeitet hat, waren die Kinder jeden Tag fünf Stunden in der Krippe und dem Kindergarten. Ich habe in der Zeit meist von zu Hause gearbeitet und war vormittags ab und an bei Kunden. Die Kinderbetreuung unter der Woche lag also hauptsächlich in meinen Händen. Arne hat die Jungs morgens kurz gesehen und manchmal auch zur Kita gebracht, wenn es gepasst hat. Pünktlich zum Schlafen gehen bzw. zum ins Bett bringen war er dann abends meist wieder da. Neben Arbeit, Kinderbespaßung, Terminen, Haushalt und dem ganz normalen Wahnsinn hatten wir einen ziemlich gut eingespielten Alltag. Unsere Wochenenden waren ganz klar Family-Time. Wir haben versucht, die freie Zeit nicht mit Erledigungen vollzupacken, sondern sie, so gut es geht, zu nutzen. Im Sommer sind wir viel rausgefahren und haben Zeit an Nord- oder Ostsee verbracht. Oder wir haben mit Freunden in der Stadt abgehangen, sind durchs Viertel gezogen. Vom Kaffeetrinken zum Spielplatz, mit einem kurzen Abstecher an der Eisdiele auf dem Weg in den Park oder an die Elbe.

So richtig wussten wir nicht, wie unser Alltag unterwegs aussehen würde. Wir hatten eine Vorstellung und kannten das Leben im Camper ja aus vorherigen Urlauben. Diese waren allerdings in der Regel nie länger als drei Wochen. Wie lange wird es also bei so einem langen Trip wohl dauern, bis sich überhaupt ein richtiger Alltag unterwegs einstellt? Wann fühlt es sich nicht mehr nur wie ein langer Urlaub an? Werden die Kinder ihre gewohnte Umgebung und ihre Freunde zu Hause vermissen? Vor allem für Emil war eine feste Struktur bislang sehr wichtig. Er war immer ein glückliches und zufriedenes Kita-Kind. Wir hatten nie Probleme oder Sorgen, dass er sich im Kindergarten nicht wohlfühlt. Im Gegenteil, für ihn hätte jetzt das Vorschuljahr angestanden. Er wäre ein Experte geworden, wie es in der Kita heißt und worauf er sich auch sehr gefreut hat. Mal zu den Großen gehören, schon mal ein bisschen auf die Schule vorbereitet werden. Das alles haben wir ihm mit der Entscheidung, die Reise zu machen, ja auch irgendwie genommen. Wir haben relativ früh in unserer Planung mit unserer Kita-Leiterin gesprochen und ihr von unserem Vorhaben und unseren Gedanken erzählt. Die Sorge, Emil könne es anschließend schwerer haben, den großen Schritt in die Schule zu gehen, haben wir angesprochen. Das Gespräch war super und hat uns darin bestärkt, dass wir den richtigen Weg für uns und unsere Kinder gehen. Sie hat zu uns gesagt, dass den Kindern in keiner Vorschule beigebracht werden kann, was sie auf so einer Reise lernen und erleben werden. Das ist bei uns hängen geblieben. Bei den Kindern wissen wir, am glücklichsten sind sie, wenn wir alle vier zusammen sind. Was soll also schon groß schiefgehen? Und für uns als Paar? Zwölf Monate ununterbrochen zusammen und das auf engstem Raum – tatsächlich war das zu keinem Zeitpunkt etwas, was einen von uns beiden abgeschreckt hätte. Ganz im Gegenteil, wir haben uns genau darauf gefreut.

Wir waren also bereit. Bereit es auszuprobieren und auf uns zukommen zu lassen. Wir hatten keine feste Route und keinen Druck, was die Dauer angeht. Es war klar, dass zwölf Monate möglich sind, aber wir haben uns nicht auf irgendetwas festgelegt, sondern sind losgefahren. Am Anfang waren wir einfach nur happy unterwegs zu sein. Die ersten Wochen haben sich angefühlt wie ein langer Urlaub. Zwischendurch überkam uns dann immer mal ein plötzliches Glücksgefühl: Wir haben es echt gemacht! Wir sind unterwegs! Und vor allem: Wir haben nicht nur ein paar Wochen, sondern ein ganzes Jahr vor uns!

Im Nachhinein würde ich sagen, wir sind viel schneller in unserem neuen Alltag angekommen als gedacht. Wir haben zwar ständig die Umgebung gewechselt und immer neue Stellplätze und Menschen um uns herumgehabt, trotzdem hatten wir in unserer kleinen Blase relativ bald einen Alltag. Nur sah der eben komplett anders aus, als wir es von zu Hause gewohnt waren. Keine Termine, keine Verpflichtungen, kein Stress. Wir konnten nur für uns vier entscheiden, völlig frei von äußeren Zwängen und Erwartungen. Zu unserem täglichen Leben gehörte es auszuschlafen, morgens liegen zu bleiben, wenn uns danach war oder nachmittags mit den Kindern im Bett abzuhängen und Bücher zu lesen. Auf der anderen Seite aber natürlich auch viel Auto fahren und die Ungewissheit, wo man nächste Woche sein wird. Alltägliche Dinge mussten von unterwegs erledigt werden. Einkaufen, die nächsten Ziele festlegen und Routen planen. Aber auch Wassertanks am Auto befüllen und entleeren. Sich an jedem neuen Platz erst mal einrichten – Kindersitze aus dem Auto, Auffahrböcke ausrichten, die Fahrräder der Kinder auspacken, Frühstück, Mittag- und Abendessen. Das war unser neuer Alltag. Unser Camper war für uns in der ganzen Zeit unsere Konstante. Egal wo wir waren, unser Zuhause hatten wir immer dabei.

24/7 - Familienleben auf 13 Quadratmetern

Von 110 auf 13 Quadratmeter Wohnfläche – man könnte meinen, dass das fast die größte Herausforderung für uns als Familie gewesen wäre. Tatsächlich aber war die Umstellung für uns alle gar nicht schwer, zumindest was den Platz anging. An unsere neu gewonnene Freizeit zusammen mussten wir uns erst mal gewöhnen. Obwohl das ja genau das war, was wir uns als Familie gewünscht hatten.

Ich erinnere mich an eine konkrete Situation, die wir relativ am Anfang der Reise in der Toskana hatten. Emil hat sich beschwert, wir würden, über den Tag verteilt, so viel mit ihm schimpfen. Viel mehr als vorher in Hamburg. Im ersten Moment haben wir das gar nicht richtig realisiert. Als wir dann aber noch mal darüber nachgedacht haben, gab es dafür schnell eine sehr einleuchtende Begründung: Ja klar meckern wir mehr! Es gibt ja auch viel mehr Gelegenheiten, da wir gerade viel mehr Zeit miteinander verbringen. Wir mussten uns eingestehen, dass in unserem Leben in Hamburg der Kindergarten einen nicht unerheblichen Teil dazu beigetragen hat, unsere Kinder zu erziehen und an feste Regeln zu gewöhnen. Dieser Teil fiel jetzt weg bzw. war komplett in unserer Hand. Die Reibung mit Gleichaltrigen oder mit anderen Erwachsenen, die unsere Kinder brauchen und gewohnt waren, war nicht mehr möglich und musste von uns als Familie kompensiert werden. Auch wenn das vielleicht komisch klingen mag – wir haben ja auch vorher viel Zeit gemeinsam verbracht – mussten wir uns doch alle erst an die neue Situation gewöhnen und unsere Rollen in unserem neuen Familienalltag finden. Im Nachhinein finde ich, haben wir das gut und schnell hinbekommen. Wir sind mit der Zeit viel bewusster im Umgang untereinander geworden. Wir haben uns mehr Zeit genommen, Dinge als Familie zu besprechen und gemeinsam Regeln festzulegen, gleichzeitig aber auch mehr auf den Einzelnen und seine Wünsche einzugehen. Als wir losfuhren, war Emil fünf und Anton zwei Jahre alt. Die beiden waren in komplett unterschiedlichen Entwicklungsphasen und hatten dementsprechend auch unterschiedliche Bedürfnisse. Genau wie zu Hause gab es mal bessere und mal schlechtere Tage, was die allgemeine Familienharmonie anging.

Und so war es auch bei den Kindern in ihrem Umgang miteinander. Manchmal flogen schon morgens die Fetzen und der Tag war geprägt von kleinen Streitereien und Genörgel. Und dann haben sie wieder tagelang richtig schön miteinander gespielt. Anton vergöttert seinen großen Bruder, weiß aber auch genau, mit was er ihn völlig verrückt machen kann. Und Emil hat mit der Zeit verstanden, dass man mit seinem kleinen Bruder echt gut spielen kann, er aber trotzdem nach wie vor der Größere von den beiden ist. Das Ganze war – und ist auch immer noch – eine Entwicklung, die ganz sicher in unserem gewohnten Umfeld genauso stattgefunden hätte. Man kann sagen, dass die schlechten Tage unterwegs mit der Zeit deutlich weniger wurden. Die beiden konnten sich wirklich gut, oft auch über längere Zeiträume, mit sich beschäftigen und brauchten wenig An- leitung, um ins Spiel zu finden. Aus Langeweile entsteht manchmal eine schöne Kreativität, manchmal aber auch Streit und Unzufriedenheit. Welche Eltern kennen das nicht?

Für uns als Paar war der Übergang vom Alltag in Hamburg zum Alltag on the road kein großes Problem. Wir haben es sehr genossen, mehr Zeit zu haben, uns auszutauschen, gemeinsam zu träumen und Ideen zu spinnen. Trotzdem mussten auch wir uns in manche Situationen erst neu einfinden. Wir hatten ziemlich klare, aber auch unterschiedliche Verantwortungsbereiche. Gleichzeitig auch unterschiedliche Erwartun- gen und Stressresistenzen. Arne ist zum Beispiel komplett fürs Fahren zuständig – ich dagegen für die Stellplatzsuche. In der ersten Zeit hat es mich fürchterlich gestresst, wenn wir nicht auf Anhieb den perfekten Platz gefunden haben. Ich hatte das Gefühl, alleine dafür verantwort- lich zu sein und die Erwartungen nicht zu erfüllen. Wenn es dann am Platz irgendetwas zu meckern gab, habe ich mich schnell persönlich angegriffen gefühlt. Dabei kann man natürlich nicht erwarten, ein Jahr lang immer an absolut idealen Spots zu stehen. Anders als in einem dreiwöchigen Urlaub, in dem man möglichst alles perfekt haben möchte, ist es nicht so wild, wenn der Platz eher gut als atemberaubend ist. Als ich das verstanden und den Druck rausgenommen hatte, hat es auch plötzlich viel besser funktioniert. Solche Dinge mussten sich mit der Zeit eben erst mal einspielen.

Diese ganzen kleinen Themen, die in den ersten Wochen und viel- leicht auch Monaten immer mal wieder das Stresslevel gehoben haben, sind alle über die Zeit besser geworden. Beziehungsweise haben wir einen besseren Weg gefunden damit umzugehen. Flexibilität, Spontanität, ein bisschen Lebenskunst und eine große Portion Offenheit sind definitiv eine große Hilfe, wenn man eine solche Reise macht. Und Akzeptanz, in ganz vielen verschiedenen Bereichen. Zum Beispiel Akzeptanz dafür, dass wir als Paar an manchen Stellen ganz unterschiedliche Vorstellungen von unserem Alltag haben. Arne hat es sehr genossen, nachdem er die letzten Jahre zuvor wahnsinnig viel gearbeitet hat, einfach mal nichts tun zu müssen. Den Kopf ausstellen und genießen. Dinge machen, die Spaß bringen und durchschnaufen. Bei mir dagegen hat es nach einer gewissen Zeit – in der Arne noch völlig entspannt in der Hängematte lag – angefangen zu kribbeln. Ich hatte plötzlich den Drang, meinen Kopf mehr anzustrengen und irgendein Projekt an den Start zu bringen. Daraus ist dann der Blog www.ourlifeisbetteroutside.de und letztendlich auch die Idee für dieses Buch entstanden.

Man mag vielleicht denken, das Beste an so einer Reise ist ständig an wunderschönen, neuen Plätzen zu sein. Die Welt zu sehen und zu erkunden, frei zu sein und wenn man möchte jeden Tag surfen zu gehen. Das ist auch alles ganz sicher richtig toll und wir haben es sehr genossen. Für uns ist es im Nachhinein aber etwas anderes. Das Beste an unserer Reise war, irgendwann unterwegs festzustellen, dass wir Zeit haben. Zeit für uns, Zeit für die Kinder und vor allem Zeit für unseren Alltag als Familie.

Gründe zum Feiern gibt es immer - auch unterwegs

Eine Sache, die uns im Nachhinein wichtig ist und die unser Familienleben, hoffentlich auch über die Reise hinweg, nachhaltig prägen wird, ist der Umgang mit Feiertagen wie Geburtstagen, Weihnachten und Ostern. Wir haben es nämlich geschafft, die Aufregung und Überdrehtheit, die solche Tage sonst schnell mit sich bringen, etwas einzudämmen und das Ganze wieder mehr aufs Wesentliche zu lenken. Ein gutes Beispiel dafür ist das Thema Geschenke. Wir lieben es, den Kindern Geschenke zu machen – genauso wie viele andere in ihrem Umfeld. So gab es an Geburtstagen oft zwei oder drei verschiedene Dinge von uns, dann noch etwas von den Großeltern und dem Rest der Verwandtschaft. Oft folgte eine Kindergeburtstagsparty mit den Kita-Freunden und schlussendlich war das Kinderzimmer voll mit jeder Menge neuem Spielzeug. Natürlich lieben die Jungs Geschenke, aber in solchen Situationen waren sie auch schnell überfordert. Sie wussten am Ende gar nicht mehr, was sie jetzt eigentlich alles bekommen haben und viele Dinge wurden eher wenig bespielt oder beachtet. Wir haben uns also bewusst dazu entschieden, es auf der Reise anders zu machen. Es gab für die Kinder sowohl zum Geburtstag als auch zu Weihnachten je zwei kleine Geschenke. Eine Sache, die sie sich vorab gewünscht hatten und ein Buch zum Vorlesen. Sie haben sich darüber sehr gefreut, kein einziges Mal nach mehr gefragt und waren total selig. Wir haben zusammen ganz viel mit dem neuen Spielzeug gespielt und, auch wenn es komisch klingen mag, unsere Kinder waren noch an keinem Geburtstag so dankbar wie an diesem.

Auch die Weihnachtszeit unterwegs war viel entspannter als all die Jahre zuvor. Durch die Zeit in Marokko konnten wir uns schon in der Vorweihnachtszeit dem ganzen Wahnsinn sehr leicht entziehen. Keine Weihnachts-Überdosis im Supermarkt, kein Geschenkestress, kein Last Christmas im Radio und keine völlig verplanten Adventswochen, schon vor den eigentlichen Feiertagen. Wenn die ganzen Einflüsse außen herum wegfallen, ist Weihnachten plötzlich ein viel entspannteres und ruhigeres Fest für die Familie.

Wir haben uns fest vorgenommen, auch in unserem neuen Alltag, den Druck, den solche Feiertage oft mit sich bringen, zu minimieren. Damit wir diese besonderen Tage als Familie mehr genießen können.

Nötig, aber unbeliebt – der Rundum-Servicetag

Natürlich muss auch im Alltag unterwegs einiges organisiert werden. Darin sind wir in den zwölf Monaten definitiv Profis geworden. Es sind ja immer die gleichen Dinge, die anfallen. Wie zum Beispiel alles rund ums Auto, also Ver- und Entsorgung, Campingtoilette leeren und tanken. Wir haben mit der Zeit versucht, möglichst viele der alltäglichen Dinge an einem Tag zu erledigen. Um dann wieder die kommenden Tage ohne Verpflichtungen irgendwo stehen zu können. Das heißt, die Versorgung wurde oft verbunden mit dem Wocheneinkauf oder einem Besuch im Waschsalon. Dadurch waren solche Servicetage – wie wir sie mit der Zeit genannt haben – für die Kinder oft sehr langwierig und anstrengend. Man darf nicht unterschätzen, wie lange diese Dinge dauern und nicht selten waren wir einen ganzen Tag unterwegs bis alles, was wir uns vorgenommen hatten, erledigt war.

Mit den Wochen sind wir aber immer besser darin geworden, die Zeit so effektiv wie möglich zu nutzen. Wir haben zum Beispiel oft die Wartezeit an Versorgungsstationen genutzt, um die Kinder und uns im

Camper zu duschen. Dadurch konnten wir anschließend das Abwasser direkt wieder ablassen, die Frischwassertanks neu befüllen und mit einem aufgefüllten Wohnmobil weiterfahren. Im besten Fall ist gleichzeitig noch die Wäsche im Waschsalon oder an einer der SB-Waschmaschinen durchgelaufen. In der Regel sind wir mit unserem Plan, alle 14 Tage Wäsche zu waschen, ganz gut hingekommen. Dann waren es meistens zwei Maschinen und ein Trocknergang und alles war wieder sauber. Wir sind mit der Zeit schmerzbefreiter geworden, was Dreck im Allgemeinen angeht. Das Kindershirt ist ein bisschen schmutzig und die Hose hat Grasflecken? Macht nichts, das geht morgen noch mal – ist ja schließlich Camping. Über frisch gewaschene Wäsche haben wir uns dann trotzdem alle immer sehr gefreut.

Unser wöchentlicher Lebensmitteleinkauf war dagegen irgendwie immer ein ziemlicher Zeitfresser. Ich liebe Supermärkte im Ausland und nehme mir gerne Zeit, um mir alles ganz genau anzuschauen und neue Dinge zu entdecken. Im Alltag kaufe ich aber auch gerne regelmäßig im gleichen Laden ein – da weiß ich, wo was steht und muss nicht ewig durch die Gänge irren, bis ich alles zusammen habe. Ich weiß nicht in wie vielen verschiedenen Supermärkten ich in den zwölf Monaten insgesamt war, aber es waren einige. Und selten war ich zweimal in demselben. Wir haben meistens einmal in der Woche einen großen Lebensmitteleinkauf gemacht, der dann im besten Fall für mindestens sieben Tage ausreichte. Eigentlich sind wir nicht besonders gut darin, Gerichte für mehrere Tage im Detail vorzuplanen, aber unterwegs hat das überraschend gut geklappt. Es macht den Einkauf viel einfacher und effektiver. Meine allerliebsten Supermärkte in der ganzen Zeit waren definitiv die Märkte der MERCADONA-Kette in Spanien. Frische Produkte wie Obst und Gemüse, aber auch Fleisch und vor allem Fisch waren dort qualitativ unheimlich gut und es hat Spaß gemacht, dort einzukaufen. Wir zogen eigentlich immer die einheimischen Supermärkte den uns bekannten Discountern vor, auch wenn das natürlich extra Zeit gekostet hat. Am allerliebsten haben wir aber, wie zu Hause, auf regionalen Märkten eingekauft.

Zu einem Servicetag gehörte es häufig auch neues Internet oder Gas zu besorgen. Wenn wir das Land gewechselt haben, war es ohnehin notwendig und auch hier mussten wir uns immer erst mal neu orientieren und recherchieren, wo man was am besten bekommt. Das Gleiche gilt auch fürs Tanken. Wir haben oft einsam und verlassen in irgendwelchen dünn besiedelten Regionen gestanden und mussten uns darum sorgen, ob wir es mit unserer aktuellen Tankfüllung noch bis zur nächsten Tankstelle schaffen. Schon ganz am Anfang auf der Reise, als wir über mehrere Pässe in Südtirol gefahren sind, hatten wir genau diese Situation: einen fast leeren Tank und keine Möglichkeit weit und breit Benzin aufzufüllen. Daraus haben wir gelernt und sind mit der Zeit besser geworden.

Pakete oder Post empfangen war auch ein Thema, das immer mal wieder zu unserem Alltag gehörte. Ersatzteile fürs Auto, Dinge, die unterwegs nicht zu bekommen waren, wichtige Unterlagen und sogar ein neues Fahrrad für Emil. All das hat es hin und wieder nötig gemacht, einen Weg zu finden, Pakete empfangen zu können. Meistens haben wir uns dafür Campingplätze ausgesucht. Oder, wenn wir die Möglichkeit hatten, nahmen wir auch gerne eine private Adresse auf unserer Route. In Tarifa gab es zum Beispiel eine Art Storage-Room, an dessen Adresse man sich Post schicken lassen konnte.

28.000 Kilometer – Roadtrip durch Europa und Nordafrika

Einen ganz großen Part auf unserer Reise hat definitiv das Autofahren ausgemacht. Das sollte man nicht vergessen – vor allem wenn man Kinder hat, die nicht gerne Auto fahren. Dann ist so eine Reise im Camper, wie wir sie gemacht haben, vielleicht nicht unbedingt das Richtige. Zumindest macht es das Ganze um einiges komplizierter. Bei unseren Kindern geht das zum Glück gut und wir wissen ziemlich genau, wie viel wir ihnen zumuten können. Das Gute am Reisen im Camper ist hier auch wieder, dass man alles was man braucht ja ohnehin dabeihat. Hat jemand Hunger? Dann werden eben schnell ein paar Brote geschmiert oder ein Apfel aufgeschnitten. Ein anderes Spiel oder Buch wird benötigt? Kein Problem, haben wir alles dabei!

Da unser Camper auf über 3,5 Tonnen zugelassen ist, ist unsere Rollenverteilung rund ums Autofahren schon dadurch ziemlich geregelt. Nur Arne darf das Wohnmobil fahren. Ich bin für Route und die Beschäftigung der Kinder zuständig. Beifahrer sein ist also manchmal auch kein leichter Job. Über die Zeit haben sich ein paar Sachen bewährt, mit denen man unseren Jungs eine lange Autofahrt etwas erträglicher machen kann. Viele ihrer Spielsachen sind praktisch für die Fahrt. Zum Beispiel die tiptoi-Bücher inklusive Stift oder die Lego-Box, die sie sich zwischen die Beine klemmen und mit der sie spielen können. Gerne hören die beiden auch Hörbücher und wenn wir im Vorhinein wissen, dass wir eine größere Strecke fahren, dürfen sie auf dem iPad etwas schauen. Das besprechen wir vorher und legen eine Zeit fest, wie lange sie Videos sehen dürfen. In der Regel klappt das gut. Und dann dürfen sie immer mal abwechselnd vorne auf dem Beifahrersitz sitzen. Das lieben sie sehr und Arne ist dankbar über gesprächige Beifahrer, mit denen er in Ruhe über vorbeirauschende Autos fachsimpeln kann.

Wirklich anstrengend wurde es für die Kinder meistens, wenn wir mehrere Plätze anfahren mussten, bevor wir einen gefunden haben, auf dem wir dann bleiben wollten. Emil hat oft schon an unserer ersten Reaktion gemerkt, dass der Platz uns vermutlich nicht gefallen wird. Dann hat er extra begeistert gesagt, wie schön er es doch findet. In der Hoffnung, dass wir nicht mehr weiterfahren werden. Das war oft eine blöde Situation. Die Kinder freuen sich aufs Ankommen und dann heißt es: Nein, das gefällt uns nicht, wir fahren doch noch mal ein Stück. Nicht selten bedeutete das dann noch 20 Minuten oder sogar länger Autofahren.

Von blauen Flecken und Schürfwunden

Der Abschnitt über Krankheiten unterwegs wird tatsächlich nicht besonders lang. Wir waren in den zwölf Monaten glücklicherweise kaum krank. Das waren wir anders gewohnt, denn im Kita-Alltag ist ja gefühlt ständig irgendetwas. Fast täglich hängen neue Zettel im Kindergarten aus, auf denen informiert wird, welche Krankheit wieder im Umlauf ist. Meistens kann man nur hoffen, dass es die eigenen Kinder nicht erwischt. Das klappt aber nicht immer. Auf der Reise war das zum Glück anders.

An einem unserer ersten Spots, noch in Deutschland, hatten wir allerdings schon den ersten (und glücklicherweise einzigen) kurzen Krankenhausaufenthalt. Wir standen bei Freunden auf dem Grundstück und der Camper mit den Reifen auf der einen Seite auf den Auffahrböcken, da der Boden etwas uneben war. Dadurch war die Stufe, die an der Tür hinten aus dem Auto führt, höher als normalerweise, wenn der Wagen steht. Anton hat das beim Aussteigen vergessen, ist ins Leere getreten und blöd auf dem Kinn gelandet. Wir mussten in die Notaufnahme und der kleine, tapfere Kerl wurde mit zwei Stichen genäht. Der Schreck war groß, aber zum Glück ist nichts Schlimmeres passiert. Die Fäden hat Arne dann zwei Wochen später unterwegs gezogen. In Frankreich war Arne einmal beim Zahnarzt, wir hatten alle im Januar eine kleine Erkältung, Emil hat einmal gespuckt und das war es dann auch schon. Von blauen Flecken und Schürfwunden natürlich abgesehen.

Abschied, Heimweh und neue Bekanntschaften

Dass man beim Campen schnell und einfach neue Bekanntschaften macht, wussten wir schon vorher. Wenn wir nach zwölf Monaten aufzählen, wie viele Leute wir tatsächlich in der Zeit kennengelernt haben, ist das schon verrückt. Gleichzeitig hat uns das Thema Abschied nehmen von Beginn an begleitet. Erst der Abschied von zu Hause, den Freunden und der Kita. Und unterwegs dann immer wieder die Abschiede von neuen Freunden und Bekanntschaften. Die Kinder waren von Anfang an auf der Suche nach Spielgefährten. Wenn wir auf einen neuen Platz gekommen sind, ob Campingplatz oder beim Freistehen, wurde immer direkt nach der Ankunft gecheckt, wer sonst noch so da ist. Unsere neuen Nachbarn wussten meist schnell, wer wir sind, wo wir herkommen und wie lange wir unterwegs sind. Die Jungs hatten wenig Berührungsängste mit anderen Campern und so ist man immer leicht ins Gespräch gekommen.

In den ersten Monaten – wir sind im April, also noch in der Vorsaison, losgefahren – haben wir viele getroffen, die eher auf dem Weg in die Heimat waren und aus dem Süden kamen. Das waren meist Senioren und selten Familien. Dann kamen Ostern, Pfingsten und die Sommermonate, in denen viele Familien mit Kindern im Urlaub waren. Erst als wir im September nach Portugal kamen und die Saison dem Ende zuging, haben wir richtig viele Familien getroffen, die in einem ähnlichen Setup unterwegs waren wie wir. Die auch zu Hause viel aufgegeben hatten und auf der Suche waren, nach ihrem Weg zu leben. Das war richtig schön und der Austausch mit mehr oder weniger Gleichgesinnten hat uns oft inspiriert.

Wir mögen es total gerne, uns mit anderen auszutauschen – auch mit solchen, mit denen man vielleicht in seinem Alltag zu Hause gar nicht erst in Berührung gekommen wäre. Weil sie ein anderes Lebensmodell leben, andere Einstellungen vertreten oder manchmal auch nur, weil sie in anderen Supermärkten einkaufen und man auf den ersten, oberflächlichen Blick hin keine Gemeinsamkeiten hat. Wir haben viel mitgenommen aus den unzähligen Gesprächen und sind dankbar für die vielen, tollen neuen Freunde, die wir jetzt zu unserem Leben zählen dürfen.

Genauso war es für die Jungs, die es mit der Zeit geschafft haben, schnell Anschluss zu finden. Bei Kindern geht das ja meist recht einfach und so haben auch sie in den zwölf Monaten viele Freunde von überall auf der Welt kennengelernt. Mit der Sprachbarriere haben sie sich anfangs noch etwas schwergetan. Irgendwann war das aber überwunden und es ist ihnen leichter gefallen, sich auf Neues einzulassen. Aber sie mussten, genauso wie wir auch, damit umgehen, sich immer wieder zu verabschieden und meistens nicht zu wissen, wann und wo man sich wiedersehen wird.

Richtiges Heimweh nach Hause hatten wir eigentlich alle nicht. Natürlich hat man mal den ein oder anderen vermisst, aber wir haben während der ganzen Zeit regelmäßigen Kontakt zu unseren Liebsten zu Hause gehabt. Ein paar Freunde und Familienmitglieder haben wir sogar in den zwölf Monaten unterwegs getroffen. Manche durch Zufall, weil sie ungefähr wussten, wo wir gerade sind und sich gemeldet haben, wenn sie in die Region kamen. Manche auch völlig unverhofft. Zum Beispiel eine Familie, die wir aus unserem näheren Umfeld kannten und die wir dann zufällig in Portugal am Strand getroffen und super viel Zeit miteinander verbracht haben. Oder Freunde, die die Route ihres geplanten Sommerurlaubs kurzerhand umgeschmissen haben, um uns in Südfrankreich spontan für eine Woche zu besuchen. Sich im Vorhinein irgendwo fest zu verabreden, das haben wir vermieden. Es war schwer für uns planbar, wann wir wo sein würden und wir wollten uns nicht die Freiheit nehmen lassen, unterwegs zu entscheiden, in welchem Tempo wir reisen wollen.

REISEPLANUNG VS. TREIBEN LASSEN

Wir hätten uns vorab viel Zeit nehmen können, um unsere Route zu planen. Das haben wir aber ganz bewusst vermieden. Zu sagen, dass es im Vorhinein gar keine Routenplanung gab, ist aber auch Quatsch. Natürlich haben wir uns Gedanken gemacht und hatten einen groben Plan im Kopf, wo uns unser Weg hinführen soll.

Der Plan war, im April loszufahren und wir haben überlegt, welche Länder und Regionen zu welcher Zeit für uns Sinn machen könnten. Dabei haben wir über Punkte wie Wetter und Temperatur, Hauptreise- bzw. Ferienzeiten und das Preisniveau der jeweiligen Länder nachgedacht. Für uns war relativ schnell klar, dass wir alle möglichst zügig ins Warme, also Richtung Süden, wollten. Eigentlich hatten wir den Wunsch, nicht so schnell zu reisen, aber es war auch notwendig, gleich am Anfang erst mal Kilometer zu machen, um ins Warme zu kommen. Besuche in Aschaffenburg und in München waren zum Beginn der Reise ohnehin geplant und dann sollte es weiter über Österreich in die Toskana gehen. Anschließend durchs französische Inland bis an die Atlantikküste und von dort, immer an der Küste entlang, bis nach Portugal. Ob und wann wir nach Marokko fahren würden, hatten wir uns vorab komplett offengelassen. Wir hatten schon Lust darauf, aber noch keine Vorstellung, ob es letztendlich passen würde oder nicht.

Anfang Juni waren wir von Freunden zu einem Fest im französischen Jura eingeladen. Das war zumindest zu Beginn der Reise der einzig fixe Termin, den wir eingeplant hatten. Wir waren schon einmal vor ein paar Jahren zur Hochzeit dieser Freunde im Jura und hatten Lust, dort einen Stopp zu machen. Die Ecke ist wunderschön, bekannt für ihren leckeren Comté-Käse und sehr guten Crémant-Wein. In unsere grobe Planung hat das gut gepasst, denn nach der Zeit in Italien wollten wir ohnehin das französische Inland erkunden, um dann in der Bretagne wieder an die Küste zu kommen. Zeitlich dachten wir, das passt ganz gut – die touristische Hauptsaison in den südlichen Ländern ist im Juli und August. Da Frankreich zweifellos das teuerste Reiseland für uns sein würde, mussten wir vorab unsere Reisezeit planen, um die Kosten möglichst überschaubar zu halten. Da wir dort vermutlich weniger frei, dafür mehr auf Campingplätzen stehen würden, machte es für uns Sinn, noch in der Vorsaison durch Frankreich zu reisen. Zur Hauptsaison, wenn es dort dann voll wird, sollte es für uns weiter nach Nordspanien gehen. Die Sommermonate wollten wir also in Spanien an der Nord- und Westküste verbringen. Je nachdem wie lange es uns in Spanien gefällt, vielleicht auch noch ein bisschen das Landesinnere erkunden, bevor es dann nach Portugal gehen sollte. Und für Portugal hatten wir gar keinen Plan – das wollten wir komplett auf uns zukommen lassen und uns richtig viel Zeit nehmen.

Wir hatten also durchaus eine grobe Vorstellung, wann wir ungefähr wo sein wollten, aber abhängig davon, wie und wo es uns gefällt und wie schnell wir letztendlich reisen würden. Wir wollten uns auf keinen Fall die Freiheit von einem Jahr Reisen nehmen lassen, indem wir vorab zu viel planen und dann immer das Gefühl haben, wir müssen jetzt weiter, um im Zeitplan zu bleiben. Klar war für uns, dass wir möglichst viel Zeit am Wasser verbringen wollen, ob am Meer oder an Seen im Inland.

Unser Plan ging weitestgehend auf, auch wenn wir ihn nicht genau eingehalten haben. So sind wir zum Beispiel von der Idee, nach unserer Zeit im Landesinneren von Frankreich weiter in den Norden bis in die Bretagne zu fahren, abgewichen. Zum einen, weil wir zu der Zeit mit einer anderen Reisefamilie unterwegs waren und uns noch nicht von ihnen trennen wollten und zum anderen, weil die Wettervorhersagen nicht so gut waren. Oder zum Beispiel unsere Zeit in Tarifa, der am südlichsten gelegenen Stadt des europäischen Festlandes. Dass wir dorthin fahren, war klar – dass wir dort aber fast vier Wochen verbringen würden, hätten wir vorher nicht gedacht.

Unsere Routenplanung wurde im Laufe der Zeit noch von vielen anderen Dingen geprägt. Von Verabredungen mit alten oder neuen Freunden, von Empfehlungen, die wir unterwegs bekommen haben, von unserer Lust weiterzureisen und nicht zuletzt natürlich von Wind- und Wettervorhersagen. Im Nachhinein sind wir damit total happy. Wir haben alles gesehen, was uns wichtig war und noch viel mehr! Vielleicht würden wir jetzt ein paar Dinge anders machen, uns manche Spots sparen und dafür andere ausprobieren, aber letztendlich war es so, wie wir es gemacht haben, für uns genau richtig – auch ohne eine genaue Routenplanung.

WIE SIEHT ER AUS, DER PERFEKTE SPOT?

Wenn man so eine lange Reise macht, dann gehört die Stellplatzsuche mit zum Alltag im Camperleben. Tatsächlich ist sie auch manchmal ein echt nerviges und leidiges Thema. Denn immer wieder gibt man einen schönen Stellplatz auf, um sich einen neuen zu suchen. Vielleicht hat man sich ja auf einem Platz besonders wohlgefühlt, eine längere Zeit dort gestanden und nette, neue Bekanntschaften gemacht. Und dann zieht man doch irgendwann wieder weiter. Das fühlt sich manchmal an, wie wieder bei null anzufangen. Andererseits ist es natürlich total schön, die Möglichkeit und Zeit zu haben, so viele verschiedene Plätze zu sehen und immer weiter zu ziehen.

Die Stellplatzsuche hat bei uns meistens gut geklappt, aber manchmal hat es auch für Unzufriedenheit gesorgt. Unsere Ansprüche an die Stellplätze sind ziemlich hoch und dementsprechend natürlich auch der Druck, einen Platz zu finden, der für uns alle wirklich passt.

Es stellt sich also zuallererst die Frage: Wie sieht denn der perfekte Stellplatz für uns überhaupt aus? Was für Kriterien müssen erfüllt sein, damit wir uns dort wirklich richtig wohlfühlen? Wie findet man so einen Platz? Und was, wenn man es nicht schafft – inwiefern sind wir bereit, Kompromisse einzugehen?

Mittlerweile können wir ziemlich klar sagen, wie unser Traumstellplatz aussieht. Am allerliebsten stehen wir frei, umgeben von Natur. Ein absolutes Muss ist die Nähe zum Wasser. Das sollte im besten Fall das Meer sein. Ein See oder Fluss geht aber auch, hauptsache Wasser. Gerne mögen wir es, wenn der Platz nicht zu voll ist. Ganz allein wollen wir aber auch nicht unbedingt stehen. Ich finde den Vibe, der auf einem Platz herrscht, fast mit am wichtigsten. Am besten ist immer eine Kombi aus Wohnmobilen, Bussen und Kastenwagen. Schön ist es, wenn eine gute Mischung von Leuten herrscht, also ebenso Wassersportler als auch Familien mit Kindern oder Senioren. Die Kinder wollen immer gerne Fahrrad fahren und es ist gut, wenn es in der Umgebung irgendwas gibt, was man mit den Rädern erkunden kann. Seit einem wunderschönen Platz in Biscarrosse an der französischen Atlantikküste haben wir noch das Kriterium mitaufgenommen, dass es am perfekten Platz die Möglichkeit geben sollte, eine Hängematte aufzuhängen. Unsere Ansprüche sind also nicht unbedingt niedrig.

Wenn wir nicht freistehen können, suchen wir uns einen günstigen, kleinen Campingplatz. Die Auswahl an Campingplätzen in den verschiedenen Kategorien ist riesig. Wir brauchen keine Animation oder einen Pool und stehen nicht auf parzellierte Plätze. Gute sanitäre Anlagen sind natürlich immer schön, aber auch hier reicht uns, wenn es sauber ist und es warmes Wasser zum Duschen gibt. Manchmal fahren wir auch einen Campingplatz an, nur um mal richtig ausgiebig duschen zu können oder die Waschmaschine zu nutzen.

Die Frage, was wir von einem Stellplatz erwarten, ist also soweit geklärt. Und wie finden wir solche Plätze? Es gibt verschiedene Dinge, die wir nutzen und die sich im Laufe der Zeit als sehr praktisch erwiesen haben …

Empfehlungen von anderen Reisenden

Die besten Plätze sind tatsächlich die, die man von anderen Leuten empfohlen bekommt. Unterwegs trifft man immer Camper, die entweder aus der Richtung kommen, in die man selbst noch fährt oder die eine ähnliche Route haben. Sich dann auszutauschen, bringt wahnsinnig viel. Man erfährt von deren Geheimtipps und Lieblingsspots. Plätze, an denen sie sich wohlgefühlt haben und auch Plätze, die man vielleicht gar nicht erst anfahren braucht, weil sie sich als nicht so schön erwiesen haben. Dabei kann man sich ein Bild von den Leuten machen und abschätzen, ob man denn überhaupt auf die gleichen Dinge Wert legt, denn jeder hat eine andere Vorstellung vom perfekten Platz. Genauso wie wir uns freuen, wenn wir Tipps bekommen, geben wir natürlich auch unsere liebsten Spots weiter. Nicht nur einmal habe ich mit Stift, Papier und dem Handy mit Goolge Maps in der Hand in anderen Campern gesessen und mir schöne Spots notiert.

park4night – die Stellplatz App

Die Stellplatzapp park4night nutzen wir definitiv am meisten. Die App ist so aufgebaut und lebt davon, dass Camper dort Plätze eingeben, auf denen sie gestanden haben und diese bewerten. Jeder kann hier also mitgestalten, Plätze notieren, Bilder hochladen, eine Beschreibung verfassen und kommentieren.

Man kann anhand einer Karte oder einer Route nach Plätzen suchen. Bei allen Plätzen sind Koordinaten angegeben und man kann sich bequem von seinem Navi zu dem jeweiligen Stellplatz führen lassen. Dabei ist es möglich, verschiedene Stellplatztypen zu filtern. Sucht man zum Beispiel einen Campingplatz, einen kostenlosen oder kostenpflichtigen Wohnmobilstellplatz oder vielleicht eher einen Platz bei einem Bauern bzw. einer Privatperson, umgeben von Natur – das alles kann man genau auswählen. Oder man lässt sich mehrere Stellplatztypen gleichzeitig anzeigen und wählt dann über die Karte aus. Für Besitzer von hohen Fahrzeugen macht es Sinn, die maximale Höhe seines Fahrzeuges einzugeben und dadurch eine bereits gefilterte Auswahl zu erhalten. Super praktisch ist, dass bei allen Plätzen angegeben ist, welche Serviceleistungen es vor Ort gibt. Also ob man seine Toilette ausleeren und seinen Frischwassertank auffüllen kann oder ob es Duschen, Mülleimer oder WLAN gibt. Die App kann man in vollem Umfang kostenlos nutzen und für 9,90 Euro im Jahr sogar offline. Wir haben die kostenlose Version und uns hat das vollkommen ausgereicht.

Es macht aber auf jeden Fall immer Sinn, nicht nur die Beschreibung des Platzes zu lesen, sondern auch ein bisschen in den Kommentaren zu stöbern. Dort kann man erfahren, ob es bei Freistehplätzen in der letzten Zeit Probleme mit der Polizei gab, ob die Anfahrt auch mit einem großen Camper machbar ist und andere nützliche Dinge (auf jeden Fall immer aufs Datum achten bei den Kommentaren). Und was sich für uns als sehr praktikabel erwiesen hat, war immer den Platz noch mal bei Google Maps zu checken. So kann man sich schon mal einen Überblick über die Umgebung verschaffen und manche Plätze besser einschätzen.

CampingCard ACSI

Von der CampingCard haben wir zum ersten Mal, kurz bevor wir losgefahren sind, gehört. Da uns klar war, dass wir nicht immer freistehen können und auf Campingplätze ausweichen müssen, schien die CampingCard ACSI eine ganz gute Anschaffung. Und das hat sich dann schon nach ein paar Wochen unterwegs bestätigt. Man kauft für 16,95 Euro die Karte zusammen mit zwei Campingführern für die jeweiligen Länder. In diesen Campingführern sind alle Plätze, bei denen die ACSI Karte greift, aufgeführt und kurz beschrieben. Außerdem gibt es noch einen kleinen Mini-Atlas dazu, der die Suche nach Campingplätzen in einer bestimmten Umgebung erleichtert.

Mit der ACSI Karte bekommt man dann auf den jeweiligen Plätzen einen Festpreis. Das Ganze geht aber nur in der Nebensaison. Es gibt insgesamt fünf feste Übernachtungstarife zwischen 12 Euro und 20 Euro. Wir haben die Karte vor allem in Frankreich und Italien benutzt und dadurch ganz sicher einiges an Geld gespart. In den Büchern findet man insgesamt 3.600 Plätze in Europa und bei vielen sind sogar die Kinder in dem Festpreis mitinbegriffen. Gerade wenn man noch nicht auf die Ferienzeit angewiesen ist und in der Nebensaison reisen kann, lohnt sich die Karte auf jeden Fall.

France Passion und España Discovery

Wer den Reiseführer Landvergnügen in Deutschland kennt, der weiß, wie das System funktioniert. Das Gleiche gibt es auch für andere europäischen Länder. Wir hatten ihn für Spanien und Frankreich mit dabei. Man kauft ein Buch inklusive einer Vignette fürs Auto. Dadurch kann man für 24 Stunden kostenlos bei Winzern, Landwirten und handwerklichen Betrieben mit dem Camper stehen. In Frankreich sind das zum Beispiel rund 2.000 Stellplätze, die in dem France Passion Buch, unterteilt nach Regionen, aufgeführt sind. Das Buch ist mehrsprachig und es gibt immer kurze Beschreibungen zu den einzelnen Plätzen. Die meisten Gastgeber bieten die Möglichkeit, regionale Spezialitäten zu probieren und wenn man möchte, auch zu kaufen. Das ist meistens sehr lecker und eine tolle Möglichkeit, Land und Leute näher kennenzulernen.

Wir haben in Frankreich immer wieder Gebrauch von France Passion gemacht. Die Plätze liegen meist im Inland und bieten sich gut als Übernachtungsplätze auf der Durchreise an. Wir standen in der Region Bouches-du-Rhône auf einem Olivenhof, auf dem kosmetische Produkte hergestellt und verkauft wurden. Oder auf einer Stierfarm in Saintes-Marie-de-la-Mer. An der Aude auf einem verträumten Weingut mit Weinprobe und netten Gesprächen mit den Leuten, die dort leben. Und auf dem Weg Richtung Atlantik haben wir eine Nacht auf einem Walnusshof verbracht. Dort konnten wir uns die traditionelle Verarbeitung der Nüsse ansehen und leckeren Walnusssenf und Brotaufstriche probieren und kaufen.

Auf diesen Höfen bekommt man einen ganz anderen Einblick in das regionale Leben der jeweiligen Länder und kommt an Fleckchen, die man sonst wahrscheinlich nie kennengelernt hätte.

Abschließend bleibt zu sagen:

Trotz der ganzen Hilfestellungen bei der Stellplatzsuche war es auch bei uns nicht immer einfach. An manchen Tagen fährt man von einem Platz zum nächsten und nichts passt so richtig. Gerade für die Kinder und dann letztendlich auch für unsere Nerven, war es manchmal echt anstrengend. Die Kinder sind froh, wenn wir nach einer langen

Fahrerei endlich ankommen. Es kam aber nicht selten vor, dass wir dann beschlossen haben, doch noch weiter zu fahren und uns einen anderen Platz anzuschauen. Klar, dass die Jungs das auch manchmal nicht gut fanden.

An und für sich hat es bei uns aber meist gut geklappt. Wir hatten einige Plätze, die wir nur für eine Nacht genutzt haben und manche Schätze, an denen wir mehrere Wochen standen. Abgespeichert und aufgeschrieben haben wir sie alle – den ein oder anderen werden wir also sicherlich noch mal wieder anfahren.

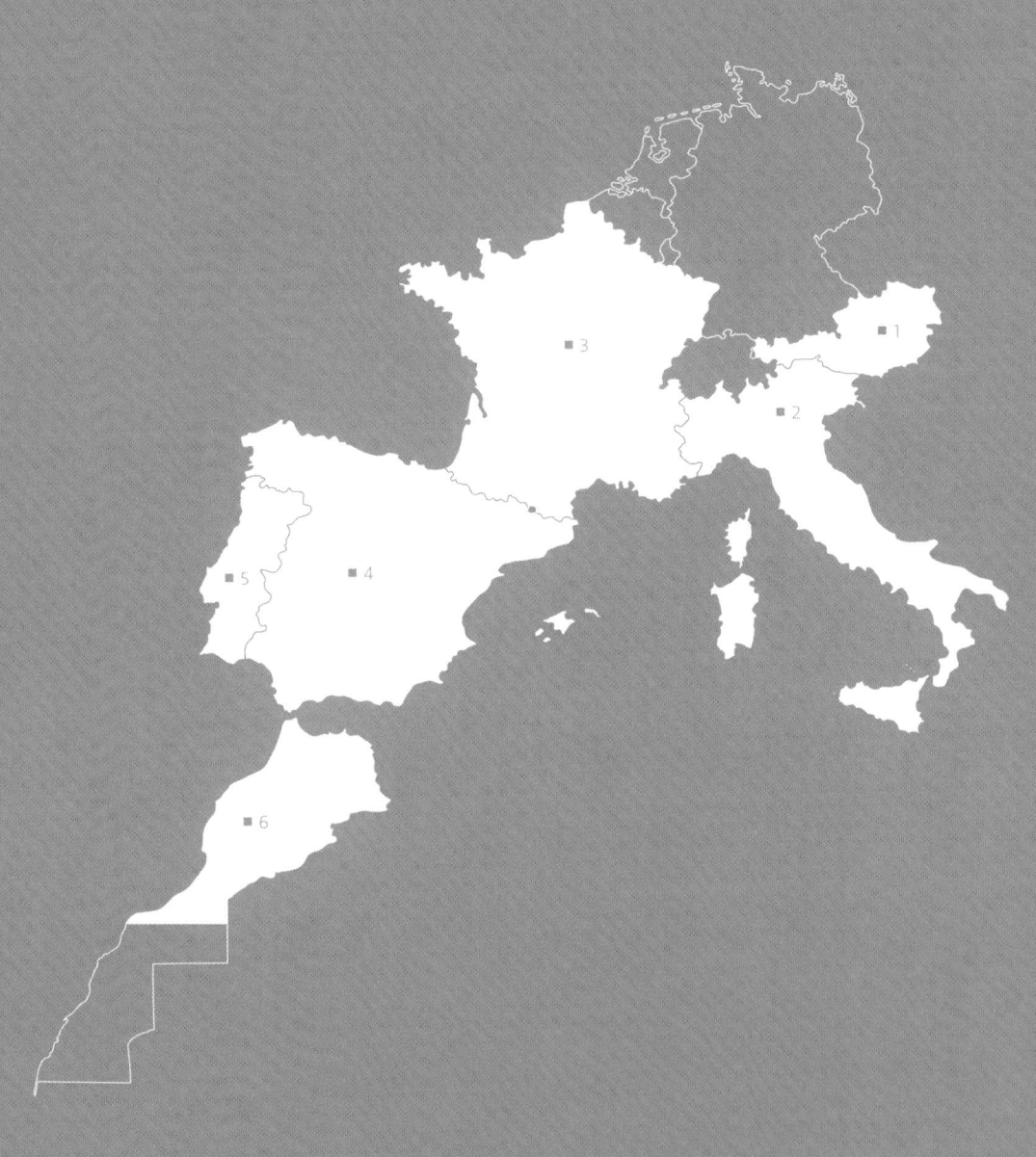

STELLPLÄTZE

Wir haben in den zwölf Monaten, in denen wir unterwegs waren, an insgesamt 124 verschiedenen Plätzen übernachtet. Einige davon waren Mittel zum Zweck, andere waren okay und viele davon waren wunderschön. Auf manchen Plätzen haben wir nur eine Nacht gestanden, auf anderen ein paar Tage und auf wenigen länger als eine Woche.

Unsere schönsten 62 Stellplätze habe ich für Euch auf den nachfolgenden Seiten ausführlich beschrieben, mit GPS-Daten und Infos zur Lage. Ihr bekommt eine genaue Beschreibung der einzelnen Plätze und Informationen und Tipps, was man in der näheren Umgebung erleben und entdecken kann. Zu manchen Stellplätzen gibt es mehr zu erzählen, andere sind nur kurz mit den wichtigsten Informationen aufgeführt.

In der Zeit, in der wir unterwegs waren, war es uns möglich, an vielen Plätzen freizustehen. Allen, die solche Plätze ansteuern wollen, sollte klar sein, dass sich sowohl die Gegebenheiten als auch die Gesetzeslage jederzeit verändern können. Wild stehen wird weiterhin nur möglich sein können, wenn sich alle an die grundlegenden Verhaltensweisen des Freistehens halten.

Nach welchen Kriterien wir uns unsere Plätze aussuchen und welche Bücher bzw. Apps uns dabei helfen, habe ich ja bereits erzählt. Mit allen unseren Übernachtungsplätzen verbinden wir Erinnerungen – an schöne Stellen, die wir entdeckt haben, an tolle Dinge, die wir dort erlebt haben und an die Menschen, die wir auf diesen Plätzen kennenlernen durften. Für uns ist es wie eine Art Tagebuch. Und ich hoffe, ihr entdeckt den ein oder anderen Platz, den ihr anschließend selbst besucht, um eure eigenen Erinnerungen daran zu schaffen.

ÖSTERREICH

■ 1

Anfang April sind wir in Hamburg gestartet. Unser erstes Ziel war Italien. Frühling in der Toskana – das klang als Start für unsere Reise sehr verlockend. Als Zwischenstopp war für ein paar Tage Aschaffenburg geplant – meine alte Heimat. Hier haben wir als Familie gelebt, bis Anton auf die Welt gekommen ist und wir nach Hamburg gezogen sind. Einen weiteren Halt haben wir in München bei Freunden gemacht. Und so wirklich hat unsere Reise erst angefangen, als wir in München wieder losgefahren sind.

Von München aus wollten wir über Österreich nach Italien fahren. Ich träume ja schon lange heimlich von einem Sommerurlaub in den Bergen – mit den Kindern stelle ich mir das toll vor! Grüne Berge, saftige Wiesen, Kühe mit Glocken – richtiger Urlaub auf einer Alm. Aber Arne konnte dem leider bisher nicht so viel abgewinnen. Wir lieben zwar beide die Berge, aber eher im Winter. Schließlich haben wir uns auch auf einer Snowboardreise in den französischen Alpen kennengelernt.

Wir hätten also eigentlich gerne mehr Zeit in Österreich verbracht. Wir mögen das Land, die Natur, besonders auch die Küche – aber das Wetter war einfach noch nicht gut genug. Wir wollten gerne so schnell es geht möglichst weit in den Süden und in die Sonne. Deshalb war Österreich nur ein Durchreiseland für uns, zumindest auf dieser Reise. Ich bin mir aber sicher, dass wir das irgendwann nachholen werden. Man könnte jetzt die Frage stellen, ob es sich denn lohnt Österreich in diesem Buch als Land mit aufzuführen, da wir dort ja nur einen Stellplatz angefahren haben. Dieser war aber so schön, dass ich der Meinung bin, er darf hier auf keinen Fall fehlen.

■ 1 | NATTERER SEE | Tirol   76

NATTERER SEE

Campingplatz | Natters | Tirol

GPS: 47.238286, 11.339061
Kosten: 20 €

LAGE

Das erste Ziel für uns außerhalb Deutschlands war der Campingplatz Ferienparadies Natterer See in Tirol. Der Platz liegt in dem gleichnamigen Ort Natters, nur knapp zehn Kilometer von Innsbruck entfernt, direkt an einem zweigeteilten See. Eingebettet im Mittelgebirge hat man einen wunderschönen Blick auf Landschaft und Berge.

Für uns war es nur ein Zwischenstopp für eine Nacht, auf dem Weg weiter nach Südtirol. Aber es war tatsächlich ein besonders schöner Zwischenstopp!

INFOS ZUM PLATZ

Der Campingplatz hat – wie wir aber erst im Nachhinein erfahren haben – mehrere Auszeichnungen und gehört wohl zu den am schönsten gelegenen Plätzen Europas. Für uns war es nur ein Zwischenstopp für eine Nacht, auf dem Weg weiter nach Südtirol. Aber es war tatsächlich ein besonders schöner Zwischenstopp!

Der Campingplatz ist sehr gepflegt und sauber, trotzdem wirkt er nicht steril oder steif. Wir hatten einen Platz auf der Seeseite, relativ nah am Waschhaus. Auf der einen Seite sind die Plätze terrassiert, auf der anderen Seite flach. Die Sanitäranlagen muss man an dieser Stelle besonders erwähnen. In einem großen futuristischen Gebäude in der Mitte des Platzes befindet sich das Waschhaus, aufgeteilt auf zwei Stockwerke. Alles ist sehr sauber, nagelneu, super großzügig geschnitten und top ausgestattet. Es gibt große und geräumige Familienduschen und ein Kinderwaschland. Aber das absolute Highlight ist die Wandvitrine im unteren Gebäude, die sich über die komplette Längsseite des Gebäudes zieht. Hier stehen ausschließlich kleine Modellfahrzeuge. Busse, Wohnmobile, alte Klassiker und extravagante Modelle. Wir haben sogar unseren Camper in der Spielzeugversion dort entdeckt. Man kann sich also vorstellen, die Kinder waren völlig aus dem Häuschen und wollten eigentlich am liebsten die meiste Zeit im Waschhaus verbringen. So leicht konnten wir die beiden noch nie überzeugen Zähne zu putzen oder duschen zu gehen. Abends kamen auf dem Platz überall Kröten zum Vorschein. Die Jungs hatten Spaß dabei, die nicht ganz so kleinen Frösche zu suchen und zu beobachten.

UMGEBUNG

Um ehrlich zu sein: Wir haben von der Umgebung nicht allzu viel gesehen, da wir erst nachmittags angekommen und am nächsten Morgen direkt weiter gefahren sind. Innsbruck ist allerdings nur zehn Kilometer vom Campingplatz entfernt. Man kann das Auto also dort stehen lassen und mit dem kostenlosen Bus in die Innenstadt fahren. Wenn man Lust auf einen Städtetrip hat, ohne mit dem Camper in die Stadt fahren zu müssen, ist der Campingplatz perfekt – der Shuttlebus fährt direkt vor der Tür.

Der See, der auf dem Gelände des Platzes liegt, ist im Sommer bestimmt toll. Mit Kinderbadebucht, Sandstrand, Nichtschwimmerbereich und grünen Liegewiesen. Und das alles umgeben von einem einzigartigen Bergpanorama. Die Berge laden auch zum Wandern ein. Es gibt mehrere Bergbahnen in der näheren Umgebung und der Campingplatz organisiert geführte Touren mit Bustransfer zu den jeweiligen Ausgangspunkten.

ITALIEN

Über Österreich sind wir nach Italien und dort recht schnell an die West-küste bis in die Toskana gefahren. Nach einem Stopp in Südtirol und am Gardasee ging es für uns durch die Region Emilia-Romagna weiter bis an die toskanische Küste. Das Wetter im April war okay und wir haben den Frühlingsbeginn in der Toskana noch voll miterlebt. Leuchtend gelbe Mimosenfelder, rosa blühende Mandelbäume, die charakteristischen Zypressenalleen und etliche Olivenhaine bestimmten das Bild der sanften, hügeligen Landschaft: der Charme der Toskana – es war wirklich so, wie man es in einer romantischen Vorstellung erwarten würde. Auch wenn wir nie so richtig weit von der Küste weg waren, haben wir doch immer wieder kleine Schlenker ins Landesinnere gemacht und uns von dem italienischen Lebensgefühl und dem tollen Urlaubsflair anstecken lassen.

Insgesamt waren wir ziemlich genau einen Monat in Italien. Es war zu der Zeit noch überhaupt nicht voll und wir haben viele schöne Plätze und Ecken entdeckt.

UNTEREGGERHOF

Privater Stellplatz | Gummer | Südtirol

GPS: 46.454839, 11.461111
Kosten: 10 €

LAGE

Diesen wunderschönen Platz in den Südtiroler Bergen haben wir über park4night gefunden. Man muss schon sagen, die Fahrt dorthin ist nichts für schwache Nerven. Es geht ein paar ordentliche Serpentinen hoch und die Straßen sind zwischendurch ziemlich eng. Aber wenn wir das mit unserer schweren und großen Kiste geschafft haben, dann werden es wohl die meisten packen. Und es lohnt sich! Der Platz gehört zum Untereggerhof, der von der Familie Pichler betrieben wird und liegt in einer ganz besonderen Ecke Südtirols. Man hat einen atemberaubenden Blick über die Berge und ist umgeben von Wiesen und Wäldern.

INFOS ZUM PLATZ

Familie Pichler betreibt hier einen Hof mit einem Gasthaus und bietet gleichzeitig die Möglichkeit mit dem Camper auf einer ihrer Wiesen zu stehen. Man meldet sich im Gasthaus an und bezahlt pro Nacht 10 Euro direkt bei der Wirtin. Der Platz liegt nicht direkt am Hof, sondern eine Kurve weiter. Es ist ein gerader Schotterplatz mit einem tollen Rundumblick über die spektakulären Berge Südtirols. Am Hof direkt gibt es für die Kinder viel zu entdecken. Tiere, ein kleiner Spielplatz und natürlich jede Menge Traktoren und andere Maschinen, die es zu bestaunen gilt. In dem Gasthaus kann man die Südtiroler Küche genießen und kommt schnell mit den Betreibern ins Gespräch. Wir haben an einem Abend dort gegessen, es war total nett und sehr lecker. Es ist aber kein Muss, also es wird nicht erwartet, dass man dort isst. Man kann die Toilette des Gasthauses tagsüber nutzen und es gibt die Möglichkeit, für drei Euro zu duschen, davon haben wir aber keinen Gebrauch gemacht.

UMGEBUNG

Die Umgebung ist super schön. Man kann tolle Spaziergänge oder kleinere Wanderungen unternehmen. Ganz in der Nähe und zu Fuß easy zu erreichen ist die Sternwarte Max Valier. Dorthin führt ein Planeten-weg, der für die ganze Familie spannend ist. Wir konnten leider nicht in die Sternwarte hinein, da sie geschlossen hatte. Für alle, die es interessant finden, gibt es wohl jeden Donnerstagabend die Möglichkeit an einer Führung teilzunehmen.

Als wir im April an diesem Platz waren, hatten wir wahnsinnig Glück mit dem Wetter. Meinen ersten kleinen Sonnenbrand habe ich mir dort geholt, als ich den ganzen Nachmittag in der Sonne saß, während die Jungs eine Einführung ins Schnitzen von ihrem Papa bekommen haben. Auf einem unserer Spaziergänge konnten wir trotzdem an manchen Stellen auch noch Schnee finden. Wir hatten also beides: Sonnenbrand und Schneeballschlacht!

PARMESANFARM SANTA RITA BIO

Freistehen | Serramazzoni | Emilia-Romagna

GPS: 44.391026, 10.767104
Kosten: 0 €

LAGE

Westlich von Bologna haben wir auf dem Weg in die Toskana an der Parmesanfarm Santa Rita Bio in Serramazzoni gehalten. Auf den Platz sind wir über park4night gestoßen und als wir in der Beschreibung etwas von Parmesan gelesen haben, war klar, dass wir dort anhalten werden. Serramazzoni ist eine kleine italienische Gemeinde, in der Region Emilia-Romagna, 22 Kilometer südwestlich von Modena. Für uns, auf dem Weg an die Küste der Toskana, der perfekte Platz, um einen Stopp einzulegen.

INFOS ZUM PLATZ

Ein paar Bauern aus der Region haben sich dort zusammengeschlossen, um einen qualitativ hochwertigen Parmesan herzustellen. Auf dem Biobauernhof hat man die Möglichkeit hinter dem Haus, auf einer großen Wiese zu stehen. Mit Picknicktischen, einer Feuerstelle und einer schönen Aussicht auf die bergige, grüne Landschaft. Es gibt in dem Gebäude Toiletten und Duschen, aber keine Möglichkeit der Camperversorgung. Wir waren das einzige Auto und hatten den ganzen Platz für uns. Die Jungs haben super lange mit ihren großen Styroporfliegern auf der Wiese gespielt.

In dem großen Hofladen kann man tagsüber den dort produzierten Parmesan probieren und, wenn man möchte, auch kaufen. Es gibt nicht nur den Käse, sondern eine Auswahl lokaler Bioprodukte wie Pasta, Balsamico, Olivenöl und Wein. Die Betreiber sind sehr nett und wir haben uns absolut willkommen gefühlt, auch wenn die Kommunikation etwas schwierig war, da wir leider kaum ein Wort Italienisch sprechen.

Wir haben, als wir Anfang April dort waren, nichts für den Stellplatz bezahlt, dafür aber ordentlich im Hofladen eingekauft.

UMGEBUNG

Der Platz liegt gefühlt irgendwo im Nirgendwo. Total im Grünen, abseits von großen Straßen oder Städten. Wir sind, um dort hinzukommen, durch eine wunderschöne, grüne und hügelige Landschaft gefahren. Als wir an dem Hof ankamen, haben wir zunächst niemanden gesehen. Es standen keine anderen Camper dort und der Hofladen hatte nicht geöffnet. Nach ein paar Minuten kam eine nette Italienerin und hat uns mit Händen und Füßen erklärt, dass wir gerne auf der Wiese hinter dem Haus parken dürfen. Außerdem hat sie uns angeboten, den Hofladen für uns zu öffnen, damit wir die lokalen Produkte testen und kaufen können. Wir haben einen wahnsinnig leckeren Parmesan und noch etliche andere Leckereien gekauft. Direkt hinter dem Haus haben wir uns dann eine große Schüssel mit Nudeln, Öl und dem frischen Käse zubereitet. Im Nachhinein haben wir uns sehr geärgert, nicht noch mehr von dem guten Parmesan eingekauft zu haben.

PODERE IL COCCO

Privater Wohnmobilstellplatz | Montalcino | Toskana

GPS: 43.024000, 11.497806
Kosten: 12 €

LAGE

Nach einer Nacht auf dem Parmesanhof in Serramazzoni ging es für uns weiter Richtung Süden. Über park4night haben wir einen privaten Stellplatz in der Nähe von Montalcino gefunden. Der Agrotourismus-Hof in der Mitte des Val d'Orcia Tals bietet Campern die Möglichkeit, direkt neben den Weinbergen in einer herrlichen Umgebung zu parken.

INFOS ZUM PLATZ

Der Platz liegt auf dem Grundstück des Weinguts Podere Il Cocco. Es handelt sich um einen kleinen Bio-Hof auf dem gleichzeitig noch ein Restaurant mit lokalen Gerichten und eigenen Produkten zu finden ist. Auf dem Schotterplatz hinter dem Haus, in einem von Pinien bewachsenen Gebiet, können circa zehn Autos ohne Probleme stehen. Die Vermieter sind sehr freundlich und hilfsbereit. Es gibt die Möglichkeit Frischwasser zu bekommen und Grauwasser loszuwerden. An dem Restaurant gibt es eine Toilette und gegen eine Gebühr von fünf Euro kann man auch die Dusche benutzen.

UMGEBUNG

Wir haben zwei Nächte auf dem abgelegenen Platz mitten in der Natur verbracht. Am ersten Tag haben wir in wunderschöner Kulisse, mit den Weinbergen im Hintergrund, Ostereier bemalt. Der nächste Tag war Ostersonntag und die Kinder haben voller Freude zwischen den Weinreben und in dem kleinen angrenzenden Wäldchen nach Spuren vom Osterhasen gesucht. Und zum Glück auch ein paar bunte Ostereier gefunden. Das Restaurant haben wir leider nicht ausprobiert, haben uns aber von anderen Campern, die mit uns auf dem Platz standen, sagen lassen, dass das Essen sehr besonders und lecker sein soll.

SATURNIA

Wohnmobilstellplatz | L'Alveare del Pinzi | Toskana

GPS: 42.656235, 11.503709
Kosten: 14 €

LAGE

In Montalcino haben wir ein Pärchen kennengelernt, das von einem Wohn-mobilstellplatz in der Nähe der heißen Quellen in Saturnia erzählt hat. Die Beschreibung klang gut, die beiden haben uns den Platz sehr empfohlen und Lust auf Baden haben wir ja eigentlich immer. Das Meer war zu dieser Zeit noch ziemlich kalt und im April in warmem Wasser planschen zu können, klang vor allem für die Kinder sehr verlockend. Da wir ohnehin noch etwas mehr vom Inland sehen wollten, haben wir kurzerhand entschieden erst mal nicht zurück an die Küste, sondern dorthin zu fahren.

Südöstlich von Grosseto gelegen, ist Saturnia in erster Linie als Thermalort bekannt. Der Ort liegt malerisch auf einem Hügel oberhalb des Albegnatals. Der Stellplatz befindet sich unterhalb des Ortes, direkt zwischen den heißen Quellen und dem Ortskern und gleicht eher einem kleinen Campingplatz.

INFOS ZUM PLATZ

Der Platz ist, zumindest soweit wir es gesehen haben, die einzige Möglichkeit in der Nähe der Quellen mit dem Camper zu stehen. Als wir Ende April dort waren, war er ganz gut besucht. Ich kann mir vorstellen, dass es dort im Sommer richtig voll sein kann. Es gibt ein paar waagerechte Parkplätze, aber die meisten der auf Schotter gelegenen Plätze sind ziemlich schräg – Auffahrböcke machen hier also auf jeden Fall Sinn. Die Toiletten und Duschen gehen klar und es gibt auch eine Waschmaschine, aber keinen Trockner. Der kleine Kiosk auf dem Platz bietet leider nur eine begrenzte Auswahl. Ab und zu kommt aber ein Bauer vorbei und verkauft frisches Obst und Gemüse aus der Region. Und man kann beim ortsansässigen Pizzabäcker Pizza bestellen, was sehr zu empfehlen ist.

UMGEBUNG

Die heißen Thermalquellen sind mit Kindern zu Fuß circa 15 Minuten entfernt. Die Kalkablagerungen haben dort mehrere unterschiedlich hoch gelegene Becken und Wannen gebildet. Zwischen diesen Becken fließt 37 Grad warmes, schwefelhaltiges Quellwasser. Es kostet keinen Eintritt und man kann die Quellen zu jeder Tages- und Nachtzeit besuchen. Angenehm warmes Wasser, kleine Wasserfälle zwischen den einzelnen Becken und das alles in einer wahnsinnig schönen Kulisse. Bei unserem zweiten Besuch haben wir es direkt nach dem Aufstehen dorthin geschafft und das war super, weil es dann leerer war als nachmittags.

Saturnias Ortskern liegt oberhalb des Stellplatzes und ist zu Fuß gut erreichbar. Wir waren etwas optimistisch, denn wir sind nicht den Weg an der Straße entlang in den Ort gelaufen, sondern haben einen Trampelpfad, der eher einem kleinen Flussbett ähnelte, benutzt. Leider hatte es aber die Tage zuvor ziemlich viel geregnet, der Weg wurde immer schmaler und vor allem matschiger. Wir mussten ganz schön viel klettern und es war ein richtiger Abenteuerspaziergang. Im Ort angekommen, sind wir durch die kleinen Gassen geschlendert und haben dann beschlossen, zum ersten Mal eine original italienische Pizza im Restaurant zu essen. Das war schön und vor allem lecker, allerdings war der Weg zurück dann wieder ein ziemliches Abenteuer. Ein bisschen hatten wir die Zeit aus den Augen verloren. Es war schon ziemlich spät und die Kinder dementsprechend müde. Dass wir den gleichen Trampelpfad nicht wieder im Dunkeln zurücknehmen konnten, war klar. Also haben wir uns auf den spärlich beleuchteten 30-minütigen Weg zurück zum Stellplatz durch die italienische Pampa gemacht. Letztendlich hatte jeder von uns ein müdes Kind auf dem Arm und es war ziemlich anstrengend. Kurz vor dem Ziel hat uns ein Wohnmobil mit einer Familie aus München auf der sonst überhaupt nicht befahrenen Straße überholt und kurzerhand eingeladen, mitzufahren. Wir haben natürlich dankend angenommen und dadurch nicht nur einen Teil des Weges gespart, sondern gleich noch nette Leute kennengelernt.

TALAMONE

Wohnmobilstellplatz | Toskana

◼ GPS: 42.563363, 11.156532
Kosten: 12 €

LAGE

Nach Saturnia ging es für uns wieder an die Küste auf einen Stellplatz zwischen Talamone und Fonteblanda. Das war für uns letztendlich der südlichste Punkt, den wir in Italien angefahren haben. Talamone, der Homespot von Roberto Ricci, einem der bekanntesten Gesichter der Kite- und Windsurfszene Italiens und Gründer der Marke RRD, stand auf unserer Liste wegen der guten Kite-Bedingungen. Letztendlich haben wir zwei Nächte dort verbracht. Der Ort liegt 15 Kilometer nördlich von Orbetello und circa 25 Kilometer südöstlich der Provinzhauptstadt Grosseto.

INFOS ZUM PLATZ

Gleich vorne weg: Der Platz verdient keinen Schönheitspreis. Man steht hier für zwölf Euro auf einem etwas besseren Parkplatz direkt hinter der Düne. Es gibt keine offiziellen sanitären Anlagen. In der nahe gelegenen Surfschule kann man allerdings gegen ein kleines Entgelt die Dusche benutzen. Außer einer Entsorgung für die Chemietoilette gibt es sonst keine Serviceleistungen für Camper. Man hat aber einen schönen Blick auf das Wasser und der Vibe auf dem Platz war, zumindest zu der Zeit als wir dort waren, sehr angenehm.

UMGEBUNG

Die kleine Bucht direkt hinter der Düne eignet sich perfekt zum Kiten und Windsurfen. Durch den großen Stehbereich ist der Spot auf jeden Fall auch etwas für Anfänger. Die Kinder konnten hier wunderbar planschen und buddeln. Der Wind ließ allerdings noch auf sich warten, so dass Arne hier leider noch nicht zum Kiten gekommen ist.

Die beiden Orte Talamone und Fonteblanda sind mit dem Rad gut zu erreichen. Wenn also kein Wind für Wassersport ist, kann man in dem kleinen Orten umherschlendern und bummeln.

CASTIGLIONE DELLA PESCAIA

Campingplatz Maremma Sans Souci | Toskana

GPS: 42.77369, 10.84406
Kosten: 16 €

LAGE

Unser nächstes Ziel war der beliebte Badeort Castiglione della Pescaia, der zwischen den schönen Stränden der maremmanischen Küste und den grünen Hügeln des Hinterlandes liegt. Dort gibt es mehrere Plätze und wir haben uns schlussendlich für den Campingplatz Maremma Sans Souci entschieden, der direkt am Strand in einem für diese Region typischen Pinienwald zu finden ist.

INFOS ZUM PLATZ

Der Campingplatz ist groß und bietet verschiedene Stellplätze, die entweder durch Holzzäune oder Büsche voneinander getrennt sind. Die Plätze sind nicht parzelliert, sondern liegen eingebettet in den Pinienwald. Es gibt viel Schatten und es herrscht eine angenehme Ruhe auf dem Platz.

Der Campingplatz ist super ausgestattet. Es gibt mehrere gute Waschhäuser, ein Restaurant, eine Pizzeria, einen kleinen Supermarkt und eine Fahrradvermietung. Neben den normalen Stellplätzen für Camper, Zelte und Busse gibt es auch zeltähnliche Bungalows in unterschiedlicher Ausführung, die man mieten kann. Die Lodges sind richtig schön gemacht, meist mit einer großen Terrasse versehen und passen sich wunderbar in die umliegende Natur ein.

Direkt vom Platz aus kommt man an einen weiten Sandstrand. Die Wasserqualität ist sehr gut und das Meer bietet sich für verschiedene Aktivitäten im und auf dem Wasser an.

UMGEBUNG

Das Fischerstädchen Castiglione della Pescaia liegt nur zwei Kilometer entfernt. Wir haben einen kleinen Ausflug mit den Rädern dorthin gemacht, Emil ist selbst gefahren und Anton war im Fahrradsitz bei Mama mit auf dem Rad. Die mittelalterliche Altstadt liegt oberhalb der Stadt, umgeben von Mauern mit Türmen und großen Toren. An der höchsten Stelle gibt es eine Festung aus dem 15. Jahrhundert, die alles überragt.

Direkt außerhalb des Ortes befindet sich das Naturreservat Diaccia Botrona, das zu einem der größten Feuchtgebiete Italiens zählt. Das Sumpfgebiet bietet Lebensraum für verschiedene Tier- bzw. Vogelarten und für eine vielfältige Pflanzenwelt. Man kann das Reservat zu Fuß oder auch mit dem Rad erkunden.

Im Sommer kann man auch täglich (außer montags) an einer Bootsfahrt durch das Reservat teilnehmen, die abends bei ganz tollem Licht stattfindet.

FRANKREICH

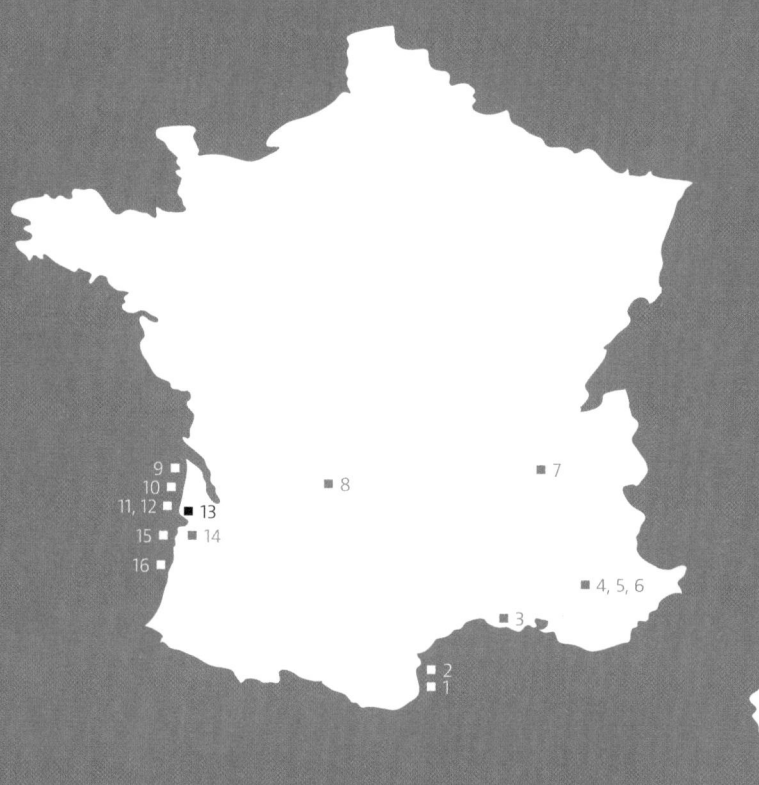

Frankreich ist wohl das Land, das wir bisher am meisten gemeinsam bereist haben. Im Winter zum Snowboarden in den französischen Alpen und im Sommer mit dem Camper an der Atlantikküste. Wir sind sehr gerne dort, haben schon ein paar Spots, die wir gut kennen und lieb gewonnen haben. Aber wir wissen auch, dass es in Frankreich noch viel mehr zu entdecken gibt, als das, was wir bereits kennen.

Wir haben uns vorgenommen, diesmal nicht nur die Atlantikküste zu bereisen, sondern mehr das Inland zu erkunden. Es gibt viele tolle Seen, Flüsse und Schluchten in Frankreich – Wasser muss ja für uns immer irgendwie sein. Wem es ähnlich geht, der sollte sich unbedingt das Buch „Wild Swimming Frankreich" für den nächsten Urlaub anschaffen. Auf über 200 Seiten werden dort Badestellen und Schwimmparadiese fernab von überfüllten Stränden vorgestellt. Es gibt Übersichtskarten für jede Region, GPS-Daten von den schönsten Spots und detaillierte Beschreibungen. Neben dem Etappenführer von France Passion und der park4night App haben wir dieses Buch oft genutzt, um tolle Plätze zu finden.

Insgesamt waren wir zweieinhalb Monate in Frankreich. Nach unserer Zeit in Italien ging es für uns Anfang Mai an die französische Mittelmeerküste. Die Côte d'Azur haben wir weitestgehend übersprungen und sind direkt weiter nach Okzitanien gefahren. Von dort aus haben wir den ersten kurzen Abstecher nach Spanien an die Costa Brava gemacht. Ein Freund hatte uns einen Kite-Spot an der Küste von Sant Pere Pescador empfohlen, den wir spontan ausprobiert haben. Zurück in Frankreich ging es wieder Richtung Norden über die Provence weiter bis ins Département Jura, wo wir zu einem Fest von Freunden eingeladen waren. Nach einer schönen Woche in Le Louverot führte unser Weg über die Dordogne bis an die Atlantikküste. Wir sind oberhalb von Bordeaux wieder am Meer angekommen und dann langsam an der Küste Richtung Süden bis nach Spanien gefahren.

LEUCATE

Wohnmobilstellplatz Le Goulet | Okzitanien

■ GPS: 42.913793, 3.019793
Kosten: 14 €

LAGE

Nach Italien hatten wir eigentlich vor einige Zeit an der Côte d'Azur zu verbringen. Nach einem Zwischenstopp in Hyeres und Saintes-Maries-de-la-Mer sind wir ziemlich schnell in Leucate gelandet. Den ganzen Teil an der Côte d'Azur haben wir uns gespart, weil uns die Ecke irgendwie nicht so richtig gefallen hat. Die Küste dort sieht an vielen Stellen zwar richtig toll aus, gute Möglichkeiten mit dem Camper zu stehen, haben wir aber leider nicht gefunden.

Die Gemeinde Leucate liegt im Département Aude in der Region Okzitanien zwischen Narbonne und Perpignan. Leucat ist eine Region mit einer der besten Windstatistiken in Europa und daher beliebt bei Kite- und Windsurfern. Mit diesem Hintergrund war es für uns auch ein fest eingeplanter Spot auf unserer Reise.

Wir haben uns erst den Campingplatz Camping Le Fun in Fitou auf der westlichen Seite der Lagune angeschaut. Da dieser aber direkt an der Bahnlinie liegt und etwas trostlos wirkte, haben wir uns für den Wohnmobilstellplatz Le Goulet entschieden. Im Nachhinein eine sehr gute Entscheidung. Der Platz ist direkt am Kite-Spot und liegt kurz vor dem Ortskern von Leucate-Village.

INFOS ZUM PLATZ

Der Wohnmobilstellplatz Le Goulet liegt im Norden des Étang de Leucate, einer Lagune mit perfekten Windbedingungen für Wassersport. Der bekannte und für die Region typische Tramontana Wind bläst hier laut Statistik an mehr als 300 Tagen im Jahr. Hinzu kommt, dass die Pyrenäen sehr nah sind und den Wind noch zusätzlich beschleunigen.

Es ist ein von der Gemeinde betriebener Platz. Es gibt Frischwasser und die Möglichkeit die Toilette zu entleeren. Der Platz ist terrassiert angelegt, es gibt keinen Schatten und es ist zum Teil etwas uneben. Der Vibe ist nett, es sind viele Wassersportler mit ihren Campern und Bussen dort und man kommt schnell mit den anderen ins Gespräch.

UMGEBUNG

Le Goulet liegt direkt an der Lagune und daher perfekt zum Windsurfen und Kiten. Das Auto steht safe und der Weg zum Wasser ist kurz. Zwei französische Profi-Windsurfer betreiben dort das WESHCENTER mit Verleih von Material und einer gemütlichen Strandbar.

Als wir Anfang Mai dort waren, hatte es an einem Tag fast zwölf Windstärken. Arne hat das Auto nachts nochmal gedreht und in den Wind gestellt, weil er Angst um unsere Dachbox hatte. Tagsüber war es zwischendurch so heftig, dass man kaum das Auto verlassen konnte.

Leucate ist ein hübsches kleines Örtchen und vom Platz aus in wenigen Minuten zu Fuß oder mit dem Rad zu erreichen.

CHÂTEAU DU LAC LAURENT PARNAUD

Privater Stellplatz | Sigean | Okzitanien

GPS: 43.057065, 2.964511
Kosten: 0 €

LAGE

Nach ein paar Tagen in Leucate haben wir zum ersten Mal auf unserer Reise das Buch France Passion genutzt, um einen Stellplatz zu finden. Wir haben uns für ein kleines Weingut in der Nähe von Sigean nördlich von Leucate entschieden. Das Gut liegt direkt am Flüsschen Le Berre mitten im Naturpark Narbonnaise en Méditerranée.

INFOS ZUM PLATZ

Das Château du Lac Laurent Parnaud ist ein kleines Weingut. Es gibt zwei renovierte Ferienhäuser auf dem Anwesen und gleichzeitig hat man die Möglichkeit, die Nacht mit dem Camper auf dem schönen Grundstück zu verbringen.

Laurent hat das Handwerk des Weinanbaus von seinem Großvater gelernt und nach seinem Studium den Familienbetrieb zusammen mit seiner Frau Barbara in der vierten Generation übernommen. Die Ernte wird von Hand gepflückt und mit viel Liebe zum Wein verarbeitet. Ungefähr 3.000 Flaschen Wein werden jährlich produziert. Wir haben an einer kleinen Degustation teilgenommen und Laurent war uns sofort sehr symphytisch. Er hat viel erzählt, erklärt und Fotos von seiner Arbeit gezeigt. Man merkt, wie sehr er das liebt, was er tut, wenn er davon spricht. Die Verkostung hat in einem kleinen privaten Weinkeller in den Ruinen des Schlosses stattgefunden und natürlich hatten wir nicht nur die Gelegenheit Wein zu probieren, sondern auch welchen zu kaufen.

UMGEBUNG

Das Weingut liegt mitten in der Natur. Ganz in der Nähe, circa einen Kilometer entfernt, befindet sich das Réserve Africaine de Sigean, ein Tierpark mit großzügig angelegten Freiflächen. Wir haben leider selbst keinen Ausflug in den Park unternommen, aber im Nachhinein ärgern wir uns ein bisschen. Der Park scheint eine tolle Alternative zum Zoo zu sein und die Betreiber geben sich große Mühe, die Tiere ein naturnahes, wildes Leben führen zu lassen. Außerdem beteiligen sie sich an internationalen Projekten der Forschung und Arterhaltung mit dem Schwerpunkt Afrika. Es könnte also durchaus einen Besuch wert sein.

Wir haben einen tollen, langen Spaziergang am Fluss La Berre gemacht. Vom Schloss aus läuft man an den Weinfeldern vorbei und folgt einem kleinen Schotterweg. Dieser führt durch ehemalige Salzgärten und eine sehr schöne Landschaft. Wir haben verlassene Ruderboote entdeckt, sind auf Hügel geklettert und haben Fische und Vögel beobachtet.

PLAGE DE PIÉMANSON

Freistehen | Salin-de-Giraud | Camargue

■ GPS: 43.413894,4.734002
Kosten: 0 €

LAGE

Unterwegs haben wir immer wieder von anderen Reisenden vom Plage de Piémanson gehört. Und tatsächlich, wenn man ein bisschen nach schönen Stellplätzen in der Gegend sucht, stößt man unweigerlich auf diesen Strand. Was wir gehört hatten, klang toll und wir wollten gerne ein paar Tage dort verbringen. Also hieß es für uns, einmal quer durch die Sumpfgebiete der Camargue. Wir waren echt beeindruckt von der Artenvielfalt, die wir auf der Fahrt bewundern durften. Weiße Wildpferde, Stierherden und natürlich nicht zu vergessen, die vielen Flamingos!

INFOS ZUM PLATZ

Der Strand Plage de Piémanson darf leider für Camper nicht mehr zum Übernachten genutzt werden. Bis vor einigen Jahren war das wohl noch möglich, aber seit 2015 ist wildes Campen hier offiziell verboten. Zumindest ist es nach Absprache mit der Gemeinde Salin-de-Giraud auch heute noch erlaubt, zwischen 6 und 22 Uhr den Strandabschnitt mit dem Auto zu befahren. Das haben wir gemacht und wer schon mal auf Rømø in Dänemark war, weiß in etwa, wie man es sich dort vorstellen kann. Ein endloser, wunderschöner und menschenleerer Strand. Mit uns standen noch ein paar wenige andere Autos tagsüber dort. Einige hatten zumindest geplant, die Nacht dort zu verbringen. Was daraus geworden ist, wissen wir nicht. Wir haben gehört, dass die Kontrollen ziemlich streng und die Strafen sehr hoch sein sollen.

Wir haben in dem Ort Salin-de-Giraud, circa zwölf Kilometer landeinwärts, übernachtet. Den Platz haben wir über park4night gefunden (GPS Daten: 43.413894,4.734002) und wir hatten dort eine entspannte und ruhige Nacht.

Wir waren echt beeindruckt von der Artenvielfalt, die wir auf der Fahrt bewundern durften. Weiße Wildpferde, Stierherden und natürlich nicht zu vergessen, die vielen Flamingos!

UMGEBUNG

Salin-de-Giraud ist ein kleiner gemütlicher Ort mitten in der einzigartigen Landschaft der Camargue. Der Ort ist gepflegt und irgendwie niedlich. In der kleinen Boulangerie haben wir sehr leckeres Brot gekauft.

    Um weiter in Richtung Marseille zu fahren, kann man entweder den Umweg über Arles nehmen oder man entscheidet sich für die Autofähre Bacarin. Diese fährt vom Port-Saint-Louis-de-Rhône in Salin de Giraud und verbindet den kleinen Ort mit dem Rest der tollen Gegend der Camargue. Die Autofähre war für unsere Kinder ein Highlight, auch wenn die Überfahrt über die Rhône, die an der Stelle nur 430 Meter breit ist, keine fünf Minuten gedauert hat.

LAC DE SAINTE-CROIX

Freistehen | Les Salles-sur-Verdon | Naturpark Verdon

GPS: 43.796658, 6.234848
Kosten: 0 €

LAGE

Vom Plage de Piémanson haben wir noch mal einen kleinen Schlenker Richtung Osten gemacht, um an den Lac de Sainte-Croix zu fahren. Der Stausee liegt an der Grenze der Départements Alpes-de-Haute-Provence und Var im Naturpark Verdon. Mit viel Glück und durch einen Zufall haben wir einen Platz direkt am Ufer des Sees gefunden, der auf jeden Fall zu unseren Lieblingsplätzen auf der Reise gehört.

INFOS ZUM PLATZ

Die Einfahrt zum Platz am Lac de Sainte-Croix hat eigentlich eine Höhenbegrenzung. Als wir dort waren, stand diese allerdings offen und wir haben die Chance genutzt und sind durchgefahren. Wir waren zuerst die Einzigen, nach und nach sind aber noch ein paar andere Autos dazugekommen. Es gibt Mülleimer aber keine Toiletten oder Duschen. Der Platz liegt direkt am Ufer des Sees und man kann ziemlich nah ans Wasser ranfahren. Der See ist wirklich traumhaft. Türkisfarbenes, klares Wasser, umgeben von Bergen.

Das Wasser war im Mai zwar noch etwas kalt, aber wir waren alle trotzdem mehrmals baden.

Mit zwei anderen Familien, die dort mit uns standen, haben wir uns direkt angefreundet. Wir haben die Tage am See verbracht und abends zusammen Pizza auf unserem Grill gemacht. Das waren richtig schöne Tage!

Nach drei sehr ruhigen Nächten kam leider die Polizei und hat uns freundlich aber bestimmt aufgefordert wegzufahren. Die Beamten waren total nett und haben uns auf den Campingplatz Municipal gleich um die Ecke hingewiesen.

UMGEBUNG

Bekannt ist der Lac de Sainte-Croix nicht nur weil er mit einer Fläche von knapp 22 Quadratkilometern der zweitgrößte Stausee Frankreichs ist, sondern vor allem wegen der Verdonschlucht – dem sogenannten Grand Canyon der Provence. Die Schlucht beginnt hinter Castellane und endet kurz vor Moustiers-Sainte-Marie und ist die zweitgrößte Schlucht Europas. Der Fluss hat sich über mehrere tausend Jahre einen Weg durch die weißen Felsen gebahnt und daraus ist eine wirklich faszinierende Landschaft entstanden. Die Schlucht gehört auf jeden Fall zu den schönsten Sehenswürdigkeiten, die Südfrankreich zu bieten hat. Man kann sie auf dem Wasser, über Wanderwege oder mit dem Auto erkunden. Es gibt mehre Aussichtspunkte, von denen aus man einen wunderschönen Blick über die einzigartige Landschaft hat.

Mit viel Glück und durch einen Zufall haben wir einen Platz direkt am Ufer des Sees gefunden, der auf jeden Fall zu unseren Lieblingsplätzen auf der Reise gehört.

Nördlich vom See und der Verdonschlucht liegt das Dorf Moustiers-Sainte-Marie, angeblich eines der hübschesten Dörfer der Region. Und es ist wirklich malerisch. Das Dorf liegt auf einem Hügel, umhüllt von Felsen und wird durch eine kleine Schlucht getrennt, über die eine Brücke geht. Typisch provenzalische Häuser, enge Gassen und zwischendrin mehrere kleine Wasserfälle. Im Sommer vermutlich sehr voll, aber in der Nebensaison ein absolutes Highlight.

AIGUINES

Campingplatz de l'Aigle | Naturpark Verdon

GPS: 43.776137, 6.245513
Kosten: 22 €

LAGE

Der Campingplatz Camping de l'Aigle liegt hoch über dem Lac de Sainte-Croix, am Ausgang der Verdonschlucht und bietet einen wahnsinnig tollen Panoramablick über den See.

Die Lage des Campingplatzes hat uns dann nochmal eine ganz andere Sicht auf die Region und den See gegeben, die wir sonst vielleicht gar nicht wahrgenommen hätten.

INFOS ZUM PLATZ

Der Campingplatz Camping de l'Aigle ist schön angelegt. Er bietet sowohl abgegrenzte, terrassierte Stellplätze für Camper als auch ein paar Mobilhäuser zum Mieten. Die Sanitäreinrichtungen sind sauber und völlig ausreichend. Es gibt Waschmaschinen, ein kleines Restaurant und die Möglichkeit, Brot für den nächsten Tag zu bestellen.

Der Platz liegt mitten in der Natur und ist am Hang angelegt. Nachmittags haben wir ein Wildschwein auf dem Campingplatz entdeckt. Zum Glück war es nur ein Halbstarker und wir wurden auch schon beim Einchecken aufgeklärt, dass es sich um ein friedliches Tier handelt. Anscheinend hatte das Wildschwein den Anschluss zu seinem Rudel verloren und streunte seit ein paar Tagen in der Gegend herum.

UMGEBUNG

Vom Campingplatz aus kann man zu Fuß in wenigen Minuten in den kleinen, schönen Ort Aiguines laufen. Und dort kann man richtig in das provenzalische Leben eintauchen. Es gibt ein paar Restaurants, einen niedlichen kleinen Markt und auch mehrere Läden, in denen man typische Waren der Provence wie zum Beispiel Seifen, regionale Delikatessen oder Öl kaufen kann. Der Aufstieg zu einer kleinen Kapelle, die oberhalb von Aiguines liegt, lohnt sich. Von dort hat man einen schönen Ausblick über das ganze Dorf und den See.

LES SALLES-SUR-VERDON

Campingplatz Municipal les Ruisses | Naturpark Verdon

GPS: 43.781472, 6.212733
Kosten: 16 €

LAGE

Zusammen mit zwei anderen Familien, die wir auf dem Platz direkt am See kennengelernt hatten, sind wir dann noch auf den Campingplatz Municipal les Ruisses in Les Salles-sur-Verdon gefahren. Der Platz liegt auch nah am Ufer des Sees, ist aber durch eine Straße von ihm getrennt.

INFOS ZUM PLATZ

Wie bei den meisten städtischen Campingplätzen in Frankreich, wirkt auch der in Les Salles-sur-Verdon auf den ersten Blick vielleicht ein bisschen einfach und lieblos. Aber letztendlich ist alles da, was nötig ist und der Preis ist auch total okay. Die Sanitäranlagen sind gut, nichts Besonderes aber sauber. Es gibt Waschmaschinen und auch warmes Wasser zum Geschirrspülen.

Der Platz ist schön angelegt, es gibt viele Bäume, die Schatten spenden, und wir hatten endlich mal wieder die Möglichkeit, die Hängematte aufzuhängen. Als wir im Mai dort waren, war es total leer. Wir haben etwas abseits, aber ganz entspannt für uns alleine unter den Pinienbäumen gestanden. Eigentlich wollten wir nur eine Nacht bleiben, aber es wurde ziemlich schnell eine ganze Woche daraus, weil es uns echt gut gefallen hat. Das lag aber auch an den lieben neuen Freunden, die wir dort erst so richtig kennengelernt haben.

UMGEBUNG

Wenn man den Campingplatz verlässt, muss man nur die Straße überqueren und noch ein kleines Stück durch einen Wald laufen, dann ist
man direkt am Ufer des Sees Lac des Sainte-Croix. An der Stelle kann
man total gut baden gehen und wir waren eigentlich immer die Einzigen dort. Wir haben auch noch einen Ausflug mit dem Tretboot durch
die Schlucht unternommen. Über wunderschönes türkisfarbenes Wasser,
vorbei an mehreren kleinen Wasserfällen, umgeben von bis zu 700 Meter
hohen Felsmauern.

Der Ort Les Salles sur Verdon ist mit dem Fahrrad in zehn Minuten
zu erreichen. Eigentlich hat der Ort bis in die 1970er-Jahre noch direkt am
Fluss Verdon gelegen. Aufgrund der Errichtung der Staumauer wurde das
Dorf aber damals überflutet und 400 Meter vom Standort des alten
Dorfes wiederaufgebaut. Donnerstagsvormittags gibt es dort einen
kleinen, aber wirklich netten Markt mit Obst, Gemüse, Fleisch und
Handwerk aus der Region.

WALNUSSHOF
DOMAINE DU PRESSOIR

Privater Stellplatz | Rovon | Auvergne-Rhône-Alpes

GPS: 45.193817, 5.472807
Kosten: 0 €

LAGE

Wieder einmal haben wir einen France-Passion-Spot besucht. Diesmal den Walnusshof Domaine du Pressoir in Rovon, etwa 20 Kilometer westlich von Grenoble. Die kleine Gemeinde Rovon liegt im Regionalen Naturpark Vercors, direkt am Fluss Isère. Vercors ist ein voralpines Gebirgsmassiv aus Kalkstein und liegt im äußersten Westen der französischen Alpen.

INFOS ZUM PLATZ

Mitten im Anbaugebiet der bekannten Walnüsse aus Grenoble liegt eine kleine, antike Mühle am Fluss Isère. Diese Mühle hat Michel Ageron 2008 wiederbelebt und stellt seitdem handgefertigte Produkte rund um die Nüsse her. Öl, Brotaufstriche, Senf, Schnaps – man kann all die Produkte im kleinen Hofladen testen und, wenn man möchte, kaufen. Wir haben eine kleine Führung bekommen und durften uns die Mühle mal etwas genauer ansehen. Für die Kinder und auch für uns war das total spannend.

Hinter dem Haus gibt es eine große Wiese mit Picknickbänken direkt am Ufer der Isère, auf der man mit dem Camper prima stehen kann. Wir wurden sehr herzlich begrüßt und ich freue mich immer sehr, weil wir durch France Passion Plätze entdecken, an die wir sonst vermutlich nie gekommen wären.

UMGEBUNG

Von der Umgebung haben wir, ehrlich gesagt, nicht besonders viel gesehen. Wir sind mittags dort angekommen und am nächsten Morgen früh weitergefahren.

Wir haben mit den Kindern einen Spaziergang entlang der Isère gemacht und mehrere kleine Wasserfälle entdeckt. Umgeben von den Bergen, an denen die Wolken hängen blieben, hatte die Ecke dort etwas Besonderes.

LA FERME DU PORT D'ENVEAUX

Privater Stellplatz | Saint-Vincent-de-Cosse

GPS: 44.826792, 1.098449
Kosten: 0 €

LAGE

Vom Walnusshof in Rovon ging es für uns direkt weiter zum nächsten Walnusshof. Das Wetter war einfach zu gut und an dem Platz in Rovon war Schwimmen leider nicht möglich. Also sind wir weiter in Richtung Atlantikküste, zur Ferme du Port d'Enveaus in Saint-Vincent-de-Cosse, im Südosten der Dordogne, gefahren. Dort konnten wir mit unserer France-Passion-Vignette ohne Probleme für zwei Nächte stehen.

INFOS ZUM PLATZ

Der Hof liegt direkt am Ufer der Dordogne. Es gibt eine großzügige Wiese, auf der viele Camper Platz finden. Schatten spenden große Walnussbäume und zum Wasser sind es nur 80 Meter. Es gibt ein kleines Restaurant, einen Kiosk und einen Kanu-Verleih. Während der Öffnungszeiten kann man die Toilette des Kiosks bzw. des Kanu-Verleihs nutzen. Ansonsten gibt es keine Serviceleistungen auf diesem Platz. In einem kleinen Hofladen kann man selbstgemachte französische Spezialitäten, wie zum Beispiel Foie Gras, kaufen.

UMGEBUNG

Die Dordogne ist an dieser Stelle besonders schön und lädt absolut zum Baden ein. Wir hatten tolles Wetter und die Kinder haben den ganzen Tag im Wasser geplanscht. Der Fluss hat eine seichte Strömung, in der man sich einige Meter treiben lassen kann, die man aber dennoch mit Kindern nicht unterschätzen sollte.

Saint-Vincent-de-Cosse liegt im Herzen der Pèrigord Landschaft und ist nur wenige Kilometer entfernt von Sarlat-le-Caneda, dem touristischen Zentrum der Region, mit einer mittelalterlichen Altstadt. Malerische Gassen, eine hohe Dichte an historischen Denkmälern und eine große kulinarische Tradition machen diese kleine Gemeinde wirklich besonders.

Das wunderschöne Dörfchen Beynac-et-Cazenac ist fünf Kilometer vom Stellplatz entfernt. Auf dem Weg zum Platz sind wir dort schon durchgefahren und waren direkt verzaubert – es gehört nicht umsonst zu den schönsten Dörfern Frankreichs. Beynac-et-Cazenac ist eingebettet zwischen dem Fluss Dordogne und einem Felsvorsprung, auf dem eine denkmalgeschützte Burg liegt. Kleine Gassen führen den Hügel hinauf zur Burg, vorbei an ockergelben, mit Blumen geschmückten Häusern. Der Aufstieg ist nicht ohne, aber es lohnt sich auf jeden Fall. Wir wurden mit einer atemberaubenden Aussicht über die umliegende Landschaft belohnt. Die gut erhaltene Burg kann natürlich auch besichtigt werden.

Von Juni bis September findet montags ein schöner, kleiner Markt auf dem Parkplatz des Dorfes statt. Hier bekommt man neben Obst, Gemüse und sonstigen Dingen des täglichen Bedarfs, traditionelle Produkte aus der Region.

MONTALIVET-LES-BAINS

Wohnmobilstellplatz | Nouvelle-Aquitaine

GPS: 45.376230, -1.156661
Kosten: 12 €

LAGE

Nach mehreren Wochen im Inland von Frankreich wurde es langsam wieder Zeit für uns, zurück ans Meer zu fahren. Das Ziel war die französische Atlantikküste, um diese dann langsam Richtung Süden abzufahren.

Von Beynac-et-Cazenac ging es für uns also auf direktem Weg nach Montalivet. Montalivet ist ein Küstenort im Département Gironde in der Region Nouvelle-Aquitaine und liegt 90 Kilometer nordwestlich von Bordeaux.

INFOS ZUM PLATZ

Der Stellplatz in Montalivet gehört zu Camping Car Park, einer Organisation von Wohnmobilstellplätzen in Frankreich. Wir haben in unserer Zeit in Frankreich immer mal wieder auf solchen Plätzen gestanden. Man muss zuerst den Pass'Étapes für vier Euro kaufen, den man dann aber auf allen Plätzen von Camping Car Park nutzen kann. Der Platz in Montalivet ist auf jeden Fall richtig schön. Er liegt südlich vom Ortskern, direkt hinter der Düne. Der Weg zum Strand ist ein Katzensprung. Es gibt keine Toiletten, aber einmal die komplette Servicepalette für Camper. Außerdem sind ein Stück die Uferpromenade hoch Strandduschen zu finden. Als wir Anfang Juni dort hielten, waren keine anderen Camper da. Wir haben es uns auf dem Platz zusammen mit Freunden ein paar Tage lang richtig gemütlich gemacht – Abendessen mit Meeresrauschen und Sundowner am Strand inklusive.

> Wir haben es uns auf dem Platz zusammen mit Freunden ein paar Tage lang richtig gemütlich gemacht – Abendessen mit Meeresrauschen und Sundowner am Strand inklusive.

UMGEBUNG

Der Platz liegt direkt hinter der Düne. Über einen kleinen Steg gelangt man an einen wunderschönen, langen Sandstrand. Anfang Juni, also noch vor Saisonstart, waren am Strand noch jede Menge Bagger und Kipplaster am Start, um den Badestrand für die Badesaison fit zu machen. Unsere Jungs waren natürlich begeistert.

Der kleine Ortskern ist fußläufig zu erreichen. Der Ort ist schon ziemlich touristisch, aber irgendwie auch ganz niedlich. Richtig was los ist hier wohl nur zwischen Juli und September.

NAUJAC-SUR-MER

Campingplatz Municipal du Pin Sec | Nouvelle-Aquitaine

GPS: 45.268251, -1.160171
Kosten: 21 €

LAGE

In Naujac-sur-Mer, knapp 60 Kilometer nordwestlich von Bordeaux, liegt der Campingplatz Le Pin Sec, ziemlich ideal am Meer an einer Sanddüne, zwischen Kieferwäldern und der Médoc-Küste.

INFOS ZUM PLATZ

Auf Google hat der Platz eher negative Bewertungen, deshalb waren wir gespannt, was uns erwartet. Er hat nur einen Stern und bietet circa 530 Stellplätze. Die negativen Bewertungen können wir allerdings nicht bestätigen. Der Platz ist auf jeden Fall sehr einfach, aber absolut ausreichend.

Er ist in zwei Bereiche aufgeteilt: Auf dem Vorderen gibt es Strom, allerdings keinen Schatten. In dem hinteren Bereich gibt es keinen Strom, dafür dann aber ein paar schattige Plätze. Da wir wegen unserem Solar nicht auf Strom angewiesen sind, haben wir uns für den hinteren Teil des Platzes entschieden. Die Preise sind selbst während der Hauptsaison okay, wir haben Anfang Juli 21 Euro für zwei Erwachsene und zwei Kinder gezahlt. Auf dem Campingplatz sind mehrere Surfcamps vertreten. Daher kommen vermutlich auch die vielen schlechten Google-Rezensionen. Es wird geschrieben, dass es laut, dreckig und voll ist. Das können wir alles zum Glück nicht bestätigen. Neben den vielen jungen Leuten gibt es auch super viele Familien, die teilweise schon seit mehreren Generationen auf diesen Platz schwören. Es gibt ein großes und mehrere kleine Waschhäuser, die vom Standard her klargehen. Es ist mehr Betrieb als auf anderen Plätzen bisher, vor allem zu den Stoßzeiten, wenn alle vom Strand kommen oder sich die Kids für den Partyabend vorbereiten. Aber es ist alles total gut auszuhalten. Man muss in Kauf nehmen, dass man unter der Dusche mit Musik aus irgendeiner portablen Box beschallt wird. Unsere Jungs fanden das super und haben wild unter der Dusche getanzt.

UMGEBUNG

Über die Düne ist man in 150 Metern am Strand. Und der ist, wie fast alle Strände an der Médoc Küste, super schön und weitläufig. Es gibt einen bewachten Badebereich und es tummeln sich viele Surfer von den umliegenden Surfschulen im Wasser. Auf dem Weg zum Strand gibt es ein paar kleine Buden, an denen man Pommes, Crêpes und kühle Getränke kaufen kann. Das Ganze wirkt wie ein kleiner Surferort und schafft einen ganz angenehmen Vibe. Wir waren einmal abends in einem kleinen Restaurant und haben Muscheln und Fish and Chips gegessen. Man bekommt auch an einer der Buden morgens frisches Brot und es gibt einen kleinen Supermarkt direkt am Campingplatz. Uns hat total gut gefallen, dass der Weg zum Strand nicht so weit und vor allem – so vollgepackt wie wir immer sind – auch nicht so anstrengend ist. Und man hört abends das Meeresrauschen vom Platz aus.

LÈGE-CAP-FERRET

Campingplatz Brémontier | Nouvelle-Aquitaine

GPS: 44.798048, -1.225854
Kosten: 19 €

LAGE

Den Campingplatz Brémontier kannten wir schon aus einem vorherigen Frankreich-Urlaub mit dem Camper. Er ist uns in Erinnerung geblieben, weil er gut gelegen, einfach und nicht so hoch frequentiert ist, wie andere Plätze hier auf der Ecke. Der Platz liegt direkt am Plage du Grand Crohot, circa 60 Kilometer westlich von Bordeaux, mitten im geschützten Pinienwald und 400 Meter vom Strand entfernt.

INFOS ZUM PLATZ

Die Besitzer sind auf den ersten Blick direkt sympathisch und wir haben den Platz wirklich liebgewonnen. Er ist mit 125 Stellplätzen eher klein und vom Zelt bis zum Wohnmobil ist hier alles vertreten. Die Plätze sind nicht parzelliert. Die Bäume bieten Schatten und gleichzeitig die Möglichkeit sowohl Wäscheleine als auch Hängematte problemlos aufzuhängen. Wir mögen es gerne, wenn Campingplätze nicht so gerade und geordnet sind und zwischen den Bäumen Wäscheleinen hängen. Dadurch wirkt es gleich gemütlich, wenn man dort ankommt. Die Kinder können auf dem Campingplatz total gut Fahrrad fahren – Emil hat hier sogar ein paar Jahre zuvor Fahrrad fahren gelernt.

Es gibt dort ein Sanitärgebäude in der Mitte des Platzes mit Duschen, Toiletten und Waschmaschinen. Ich habe gesehen, dass die Besitzer einen Zettel aufgehängt haben, auf dem sie schreiben, dass sie in naher Zukunft das Gebäude erneuern wollen und sich sogar für den Zustand des Gebäudes entschuldigen. Es war aber zu dem Zeitpunkt als wir dort waren auch absolut okay. Einfach, aber völlig ausreichend. Es gibt warmes Wasser und auch die Duschen sind für die Nutzung mit Kindern total in Ordnung.

Man kann auf dem Platz Brot bestellen und es gibt einen kleinen Shop. Hier gibt es aber wirklich nur das Allernötigste. Der nächste größere Supermarkt ist in Lège Cap Ferret, etwa sieben Kilometer entfernt.

> Der Platz ist uns in Erinnerung geblieben, weil er gut gelegen, einfach und nicht so hoch frequentiert ist, wie andere Plätze hier auf der Ecke.

UMGEBUNG

Der Weg zum Strand dauert mit Kindern ungefähr zehn Minuten und führt über einen langen Holzsteg. Der Strand ist beliebt bei Wellenreitern und hat auch einen bewachten Badebereich. Der Atlantik ist hier nicht außergewöhnlich rau, aber es ist der Atlantik, wie man ihn eben kennt. Für die Kinder gibt es Priele, in denen sie super planschen können. Unsere beiden Jungs haben ganz schön Respekt vor den Wellen, auch wenn sie nicht so mega hoch sind. Aber zumindest der Große traute sich doch immer mal wieder ins Wasser.

Um den Platz herum gibt es super gute Fahrradwege. Unsere Kinder haben es geliebt und man kann wirklich problemlos schöne, kleinere Touren von dort aus mit ihnen machen.

Noch ein kleiner Tipp für Sparfüchse: Direkt vor dem Campingplatz gibt es einen Stellplatz für Wohnmobile auf dem man 48 Stunden kostenlos stehen kann. Der Platz bietet keinerlei Serviceleistungen und liegt ebenfalls wie der Campingplatz Brémontier unter Pinien. Wir haben ein paar Nächte auf dem Campingplatz und dann noch mal zwei Tage auf dem kostenlosen Platz gestanden.

LÈGE-CAP-FERRET OCÉAN

Campingplatz Le Truc Vert | Nouvelle-Aquitaine

■ GPS: 44.715462, -1.242587
Kosten: 37 €

LAGE

Nur ein paar Kilometer vor dem eigentlichen Ort Cap Ferret auf einer Halbinsel im Département Gironde im Südwesten Frankreichs liegt zwischen
Atlantik und dem Becken von Arcachon der Campingplatz Le Truc Vert.
Cap Ferret ist der südlichste Punkt der Landzunge, die das Bassin d'Arcachon
vom Atlantik trennt.

INFOS ZUM PLATZ

Mitten im Pinienwald, auf dem Weg nach Cap Ferret, liegt Le Truc Vert, ein wirklich schöner und sehr liebevoll gepflegter Vier-Sterne-Campingplatz. Der Platz ist recht groß und total schön angelegt. Die Plätze sind abgegrenzt durch kleine Büsche und es ist schön schattig. Zwar ist der Platz recht teuer, dafür sind die parzellenähnlichen Stellplätze sehr weitläufig, so dass wir uns mit unseren Freunden einen Platz und dadurch auch die Kosten teilen konnten. Es gibt über den Platz verteilt mehrere gut gepflegte Sanitärhäuser mit Duschen, Toiletten und Waschmaschinen. Die Besitzerin ist supernett und spricht neben Französisch und Englisch auch sehr gut Deutsch. Auf dem Platz stehen auch überdurchschnittlich viele junge, deutsche Familien. Es gibt ein nettes Restaurant mit leckerer Pizza – die man sich auch gut zum Sonnenuntergang mit an den Strand nehmen kann – eine kleine Bar und in der Hochsaison verschiedene Buden mit Crépes usw. Außerdem einen kleinen, aber wirklich gut sortierten Supermarkt, Spielplätze für die Kinder und einen Fahrradverleih.

UMGEBUNG

Nur 300 Meter und ein paar Minuten zu Fuß entfernt ist ein toller, großer Sandstrand, der zum Teil auch überwacht ist. Man muss eine Straße überqueren, ein Stück durch den Pinienwald gehen und kommt dann über einen langen Holzsteg direkt zum Wasser.

Vom Campingplatz kann man super mit den Rädern durch den Pinienwald fahren. Es gibt richtig gute Fahrradwege und auch mit den Kindern hat es großen Spaß gemacht, die Umgebung zu erkunden. Ein Ausflug nach L'Herbe ist ein absolutes Muss. Mehr dazu findet ihr in dem Highlight anschließend an diese Spotbeschreibung.

Von Cap-Ferret aus hat man einen tollen Blick auf die Dune de Pilat – die größte Wanderdüne Europas. Ein Besuch ist auf jeden Fall zu empfehlen. Die bis zu 110 Meter hohe und 500 Meter breite Düne ist wirklich eindrucksvoll. Und auch wenn der Aufstieg super anstrengend ist, lohnt er sich. Der Atlantik, ein riesiger Kiefernwald und die Bucht von Arcachon bieten in Kombination eine wirklich einzigartige Landschaft.

HIGHLIGHT: L'HERBE

Ein Austernzucht-Örtchen mit Charme

Wir waren Mitte Juni auf dem Campingplatz Le Truc Vert. Zu dieser Zeit waren Freunde von uns aus Hamburg ebenfalls in Cap Ferret in einem Ferienhaus. Andere Freunde wiederum waren auch auf dem Camping-platz. Und eine weitere Familie, die wir unterwegs kennengelernt hatten, haben wir noch mitgebracht. Wir waren also eine relativ große Gruppe und die erfahrenen Cap Ferret Urlauber unter uns haben vorgeschlagen, dass wir alle gemeinsam einen Ausflug mit den Fahrädern in das Austern-züchter-Dorf L'Herbe in der Bucht von Arcachon machen.
Direkt am Campingplatz startet der Fahrradweg einmal quer durch den Pinienwald. Er führt bis auf die andere Seite, an die Bucht im Becken von Arcachon. Die Wege sind gut ausgebaut und mit Kindern total super machbar. Sie sind größtenteils eben und ziemlich breit. Man muss einmal eine größere Straße überqueren, ansonsten ist man immer auf Radwe-gen unterwegs. Emil ist selbst gefahren. Anton, der zu der Zeit noch zu den Laufradfahrern zählte, bei mir hinten im Fahrradsitz. Nach L'Herbe ist man in gemütlichem Tempo ungefähr 20 Minuten mit den Rädern

unterwegs, es sind knapp fünf Kilometer. Wir sind gegen Mittag gestartet, um dann den Rest des Tages in dem kleinen Fischerdorf zu verbringen und gegen Abend wieder zurückzufahren.

Der kleine Ort L'Herbe besteht zum größten Teil aus vielen kleinen, bunten Häusern, die sich eng aneinanderreihen. Das meiste sind Fischerhäuser, in denen die Austernzüchter leben. Denn in L'Herbe werden über 80 Prozent der französischen Austern geboren. Viele werden dann zwar zur Aufzucht in die Normandie oder in die Bretagne geschickt – die

Heimat der Auster bleibt aber die Bucht von Arcachon. Direkt am Strand, hinter den Häusern, haben die Fischer ihre Klärbecken und im Wasser sieht man großflächige Austernbänke.

Wir haben unsere Räder am Ortseingang abgestellt und sind durch die engen Gässchen zwischen den Häusern bis zum Strand spaziert. Die kleinen Häuschen liegen meist nur etwa einen halben Meter auseinander und man hat beim Durchlaufen fast den Eindruck, durch die Vorgärten der Bewohner zu marschieren. Ein paar der Austernzüchter bie-

ten in kleinen Degustationen ihren frischen Fang an. Man braucht kein Austernliebhaber zu sein, um sich auf den kleinen, liebevoll zurechtgezimmerten Holzterrassen wohlzufühlen. Wir haben uns in großer Gruppe dort niedergelassen und es uns einfach mal richtig gut gehen lassen. Die kleinen Restaurants sind liebevoll dekoriert und reihen sich am Strand entlang aneinander. Die Kinder waren entspannt und konnten am Wasser direkt vor den Terrassen spielen. In der Bucht ist das Wasser angenehm ruhig, anders als an der Küste. Für relativ kleines Geld bekommt man frische Austern, Garnelen und Wellhornschnecken. Serviert werden sie auf auf großen Platten, die auf Drahtgestellen mitten auf den Tischen platziert werden. Dazu gibt es eisgekühlten Weißwein, Wasser, Brot und Ajoli – mehr gibt es auch gar nicht auf der Karte.

   In der Sonne sitzen, Weinschorle trinken in netter Gesellschaft. Die Kinder spielen, nebenbei gibt es noch leckere und frische Meeresfrüchte und einen wunderschönen Blick auf die Bucht und die Dune de Pilat. Der Ausflug nach L'Herbe war für uns eine pure Erholung und bleibt so auf jeden Fall lange in Erinnerung.

ÉTANG DE CAZAUX ET DE SANGUINET

Wohnmobilstellplatz | Biscarrosse | Nouvelle-Aquitaine

GPS: 44.431847, -1.166423
Kosten: 13 €

LAGE

In Biscarrosse befindet sich ein schöner Wohnmobilstellplatz direkt an einem See. Wenn man also wie wir viel an der Küste unterwegs ist, ist der Étang de Cazaux et de Sanguinet mal eine ganz gute Abwechslung zur rauen Atlantikküste. Nördlich von Biscarrosse erstreckt sich der See über 56 Quadratkilometer mitten im Wald, nur zwölf Kilometer vom Meer entfernt.

INFOS ZUM PLATZ

Es ist ein offizieller Wohnmobil-stellplatz, der regulär 13 Euro kostet. Wir waren insgesamt zwei Mal dort und bei beiden Malen hat das Bezahlterminal nicht funktioniert. Letztendlich standen wir dort also umsonst. Auf den Schildern an der Einfahrt steht geschrieben, dass Camping – im Sinne von Tische, Stühle und Markise ausfahren – nicht erlaubt ist. Wir nehmen so etwas normalerweise auch ziemlich genau, an der Stelle war es aber wirklich kein Problem, einen Tisch vor das Auto zu stellen und draußen zu essen. Man steht direkt am Hafenbecken mit einem schönen Blick auf den See. Hinter dem Platz ist ein kleiner Pinien-wald und daran grenzt ein ziemlich großer Campingplatz.

UMGEBUNG

Direkt neben dem kleinen Jacht-hafen ist der Strand, man läuft vom Auto keine fünf Minuten. Der See ist wirklich toll, die Kinder haben es dort geliebt. Es geht sehr flach rein und auch nach circa 200 Metern ist das Wasser immer noch nur hüfthoch. Gefühlt waren unsere Jungs den kompletten Tag im Wasser. Sie hatten so einen Spaß, der See hat eine sehr angenehme Temperatur und das Wasser ist klar und sauber

Es gibt auch die Möglichkeit zu kiten. Die Bedingungen dafür waren aber, als wir dort waren, leider nicht besonders gut. Direkt neben dem Platz ist ein kleiner Supermarkt mit total nettem Personal und einer guten Auswahl an frischem Obst und Gemüse.

BISCAROSSE PLAGE

Wohnmobilstellplatz Vivier | Nouvelle-Aquitaine

GPS: 44.458823, -1.245237
Kosten: 13 €

LAGE

Der gemütliche Wohnmobilstellplatz liegt nördlich von Biscarrosse Plage, direkt neben dem Campingplatz Le Vivier. Biscarrosse Plage ist das touristische Zentrum von Biscarrosse und liegt an der Atlantikküste, circa 80 Kilometer südwestlich von Bordeaux.

Das Beste ist ganz klar der kurze Weg zum Strand. Zu Fuß ist man in wenigen Minuten an einem wunderschönen, langen Sandstrand.

INFOS ZUM PLATZ

Der Wohnmobilstellplatz ist sehr schön im Wald bzw. am Waldrand angesiedelt und bietet Platz für rund 180 Autos. Man steht nicht, wie auf anderen Plätzen, Camper an Camper, sondern verteilt an den Wegen entlang. Uns hat der Platz sehr gut gefallen. Man kann endlich mal wieder die Hängematte auspacken und es sich so richtig gemütlich machen. Es gibt Toiletten, Frischwasser- und Grauwasser-Entsorgung für den Camper und die Möglichkeit, die Chemietoilette zu entleeren.
Um uns herum standen viele andere entspannte Leute. Camper, Busse, Surfer, Familien mit Kindern und Senioren – alles war vertreten und die Stimmung auf dem Platz sehr angenehm. Die Kinder haben schnell Anschluss gefunden und waren den ganzen Tag beschäftigt. Sie konnten sich auf dem Platz echt gut bewegen, hatten viel Platz zum Fahrrad fahren und spielen.

UMGEBUNG

Das Beste ist ganz klar der kurze Weg zum Strand. Zu Fuß ist man in wenigen Minuten an einem wunderschönen und langen Sandstrand. Auch hier gibt es wieder einen Teil der bewacht ist. An einem Morgen war ich vor dem Rest der Familie wach und habe die Chance genutzt, mich raus zu schleichen und an den Strand zu laufen. Außer ein paar anderen Frühaufstehern, die mit ihren Hunden spazieren waren, war niemand unterwegs. Das Licht und das Meer waren so unglaublich toll und man konnte noch mal ganz anders wahrnehmen, wie schön der Platz wirklich ist.

In zehn Minuten kommt man mit dem Fahrrad in den Ortskern von Biscarrosse Plage. Es ist ein kleiner Ort, der weitestgehend auf Tourismus ausgelegt ist. Viele kleine Buden, Fahrgeschäfte für die Kinder und jede Menge Restaurants.

Das städtische Zentrum der Gemeinde, Biscarrosse Bourg (Ville), liegt keine 20 Kilometer entfernt. Die französische Kleinstadt mit ihren vielen bunten Märkten und kleinen Läden, in denen man französische Köstlichkeiten einkaufen kann, ist auch einen Besuch wert.

CONTIS PLAGE

Wohnmobilstellplatz | Saint-Julien-en-Born

GPS: 44.093477, -1.318871
Kosten: 13 €

LAGE

Contis Plage hatten wir eigentlich gar nicht auf dem Zettel. Dann haben wir aber kurzfristig erfahren, dass Freunde von uns auf der Ecke sind und haben einen Stopp eingeschoben.

Contis ist ein Dorf in der Gemeinde Saint-Julien-en-Born unterhalb von Arcachon an der Atlantikküste in Frankreichs Südwesten. Er liegt direkt am weitläufigen Strand Contis Plage. Wenn man die Küste entlangfährt, lohnt sich ein Halt hier in jedem Fall.

INFOS ZUM PLATZ

Der Stellplatz liegt am Ortsrand angrenzend an einen Parkbereich für PKWs. Er bietet Platz für 70 Mobile und vom Wohnmobil bis zum Bus ist hier alles vertreten. Als wir Anfang Juli dort waren, war der Platz gut besucht, aber nicht ganz voll. Die Bezahlung erfolgt an der Einfahrt an einer Schranke und der Stellplatz kostet in der Hauptsaison (Juni bis September) 13 Euro und in der Nebensaison (Oktober bis Mai) neun Euro. Dafür kann man Strom anschließen und auch die komplette Entsorgung ist kostenfrei. Außerdem gibt es eine Toilette und zwei Duschkabinen, allerdings nur mit kaltem Wasser. Die Einrichtungen sind etwas heruntergekommen, aber wenn man nicht zu hohe Ansprüche hat, ist es auszuhalten.

Auf den ersten Blick wirkt der Stellplatz, der direkt hinter der Düne am Waldrand liegt, wie ein gewöhnlicher Wohnmobilstellplatz mit staubigem Boden und wenig Atmosphäre. Aber man merkt schnell, dass das nicht stimmt. Wenn man einen der besseren Plätze erwischt, kann man kleine Zelte und Hängematten im angrenzenden Pinienwald aufstellen bzw. aufhängen. Wir haben nette Leute auf dem Platz kennengelernt, die teilweise sogar ihren kompletten Sommerurlaub dort verbringen. Es sind einige Surfer und Wassersportler dort vertreten, aber auch Familien und Senioren, die schon seit vielen Jahren auf diesen Platz kommen. Die Kombination aus gutem Stellplatz, nettem kleinen Ort und den perfekten Badebedingungen macht den Besuch in Contis-Plage wirklich sehr empfehlenswert.

UMGEBUNG

Der Strand ist vom Stellplatz nur etwa 400 Meter entfernt. Und wie die meisten Strände an der Côte d'Argent ist er sehr groß und traumhaft schön. Es gibt auch hier einen bewachten Badebereich, der zur Hauptsaison gut besucht ist. Der Strand ist aber an dieser Stelle wieder so weitläufig, dass man nur ein paar Meter nach links oder rechts gehen muss und schon ist es nicht mehr so voll.

Das Zentrum des kleinen Ortes Contis-les-Bains ist zu Fuß gut erreichbar. Der Ortskern besteht eigentlich nur aus einer Straße mit Restaurants, Geschäften, Cafés und einem kleinen Supermarkt. Abends herrscht hier eine ganz angenehme Stimmung und wir haben das genutzt, um mit den Kindern noch eine Runde auf dem kleinen Skateplatz zu drehen, Eis und natürlich Churros zu essen. Das spanische Gebäck aus Brandteig mit Zucker kam bei unseren Jungs ziemlich gut an.

Mittwochs und sonntags gibt es einen überschaubaren Markt mit Essen und Produkten aus der Region. Am Strand stehen kleine Holzhütten, an denen man sich tagsüber Eis und Getränke kaufen kann. Abends kann man dort essen und ab und zu bei Live-Musik den Sonnenuntergang bestaunen.

Direkt hinter dem Wohnmobilstellplatz ist der Leuchtturm Phare de Contis. 183 Stufen führen nach oben und man hat eine sehr schöne Aussicht über die Region. Wir waren erst unsicher, ob die Kinder die vielen Stufen so easy schaffen. Aber selbst der Kleine ist mit großen Schritten vorangegangen und es war überhaupt kein Problem.

Für alle, die von hier weiter Richtung Spanien fahren, noch ein Shoppingtipp: Zwischen Seignosse und Hossegor findet ihr ein wahres Shopping-Paradies rund ums Surfen. Im Gewerbegebiet Zone d'Activité Pédebert haben alle großen und bekannten Surfbrands einen Outlet-Surfshop. In dem kleinen Outlet Dorf, in dem auch Billabong und Ripcurl ihren Hauptsitz haben, kann man gut einen halben Tag verbringen und von Surfshop zu Surfshop schlendern. Bretter, Neoprenanzüge (auch für die Kinder!) und auch sonst alles, was bekannte Surfmarken zu bieten haben, kann man hier teilweise zu attraktiven Preisen einkaufen.

SPANIEN

Die spanische Nord- und Westküste hatten wir schon einmal in einem gemeinsamen dreiwöchigen Urlaub mit dem Camper bereist. Allerdings hatten wir damals überhaupt kein Glück mit dem Wetter. Wir waren dort im Juni unterwegs und es hat sehr viel geregnet – wir hatten kaum richtige Sonnentage. Dass es vor allem in Nordspanien viele schöne Ecken gibt, haben wir auf jeden Fall gesehen, aber was bringt einem der schönste Strand und der tollste Stellplatz am Wasser, wenn es fast nur regnet?

Wir haben also entschieden, der Ecke noch mal eine Chance zu geben und auf besseres Wetter zu hoffen. Und darüber sind wir im Nachhinein total froh. Wir hatten in Spanien eine wirklich ganz tolle Zeit. Und diesmal hat alles gepasst – auch das Wetter. Wir waren im Juli und August dort und das war genau richtig. Trotz des guten Wetters und der wunderschönen Strände war es nicht so überfüllt, wie man es zum Beispiel von der französischen Atlantikküste zu dieser Zeit kennt. Es war nicht komplett leer, aber total angenehm. Es gibt viele Wiesen und Plätze direkt am Wasser, auf denen man für kleines Geld stehen kann. Der nördliche Teil von Spanien hat uns besonders begeistert. Wir sind von einem wunderschönen Platz zum nächsten gefahren und waren dort viel länger als geplant. Sowohl Antons als auch Arnes Geburtstag haben wir in Asturien gefeiert und, auch wenn viele immer von Galicien schwärmen, für uns war dies tatsächlich die schönste Region.

Auch in Spanien haben wir immer mal kurze Abstecher ins Inland gemacht, die meiste Zeit waren wir aber – wie soll es anders sein – an der Küste. Dafür haben wir, anders als in anderen Ländern, in Spanien relativ viele Städte besucht. Wir waren in Santander, A Coruña, Pontevedra und später an der Südküste noch in Cádiz und Tarifa.

SAN VICENTE DE LA BARQUERA

Privater Stellplatz | Playa de Gerra | Kantabrien

GPS: 43.402225, -4.353218
Kosten: 10 €

LAGE

Von dem Platz in San Vicente de la Barquera hatten wir unterwegs schon viel gehört und uns für ihn als ersten Stopp in Spanien entschieden. Freunde von uns standen ein paar Wochen vorher genau auf diesem Platz und haben sehr von ihrer Zeit dort geschwärmt. San Vicente de la Barquera ist ein Küstenort an der Costa de Cantabria, knapp 40 Kilometer westlich von Santander. Der Platz liegt östlich von dem kleinen Ort direkt am Playa de Gerra.

INFOS ZUM PLATZ

Der Stellplatz in San Vicente gehört definitiv zu den Lieblingsplätzen unserer Reise. Der super nette Vibe auf dem Platz und der tolle Ausblick machen ihn zu etwas ganz Besonderem. Wir standen hier knapp eine Woche. Viele Surfer, viele Familien, weitestgehend entspannte Leute. Der Bauer, dem die Wiese gehört, kommt einmal am Tag vorbei und kassiert zehn Euro. Ein super netter Typ, der sich Mühe gibt den Platz gut zu pflegen. Und selbst ohne Spanisch-Kenntnisse schafft man es, sich mit ihm nett zu verständigen.

Der Platz ist ziemlich am Hang gelegen. Es empfiehlt sich, Auffahrböcke dabei zu haben. Sonst findet man aber auch ein paar große Steine, mit denen man sich zur Not behelfen kann. Auf dem Platz gibt es eine Außendusche und einen Bereich, der zum Abwaschen benutzt werden kann. Außerdem hat der Besitzer einen kleinen Schuppen gebaut, in dem sich eine Toilette mit Spülung befindet. Wir haben wirklich selten so eine saubere und gepflegte Toilette auf einem Stellplatz gesehen, obwohl sie von so vielen Leuten benutzt wurde. Täglich kam der

Traktor mit Anhänger und pumpte den Inhalt ab. Selbstverständlich zur Freude aller Kinder, die dann jubelnd hinter dem Trecker herrannten und den Bauern bei seiner Arbeit beobachteten. Morgens kam ein Bäcker und hat uns mit frischem Brot und anderen Leckereien versorgt. Der Blick von dem Platz aus ist wirklich unbeschreiblich. Man schaut direkt aufs Wasser und die Küste. Links kann man die Picos de Europa schon sehen und die Kühe, die auf der angrenzenden Wiese nebenan weiden, machen das Bild perfekt.

UMGEBUNG

Der Weg zum Wasser dauert nur wenige Minuten und der Strand ist sehr schön. Es ist ein beliebter Surfspot und der linke Teil des Strandes, der direkt an den Ort San Vicente de la Barquera reicht, ist im Sommer meist gut besucht. Aber der rechte Teil unterhalb der Bauernwiese wird eigentlich in erster Linie nur von den Leuten benutzt, die auch oben stehen. Man kann bei Ebbe mit dem Fahrrad den Weg über den Strand in das kleine Fischerörtchen nehmen, um Kleinigkeiten einzukaufen. Wir haben das zweimal gemacht und es macht Spaß, mit dem Rad am Strand entlangzufahren. Je nach-

dem von wo der Wind kommt, muss man zwar ganz schön in die Pedale treten, aber es lohnt sich. Für die Kinder ist der Strand super. Wenn Ebbe ist, kann man an den Felsen klettern, Fische und Krebse fangen und einiges entdecken. Die Wellen sind häufig sehr kinderfreundlich und sowohl mit dem Body- als auch mit dem Skimboard kann man hier viel Spaß im Wasser haben.

Nach ein paar tollen Tagen auf dem Stellplatz wollten wir den Nationalpark Picos de Europa im kantabrischen Gebirge besuchen. Wir haben die Picos schon die ganze Zeit von der Küste aus gesehen und spontan mit zwei anderen Familien entschieden, einen kleinen Abstecher dorthin zu machen. Leider ist dieser Ausflug voll und ganz ins Wasser gefallen. Es hat nämlich nur geregnet und das echt wie aus Eimern. Wir hatten für uns den Campingplatz El Redondo Picos Europe in Fuente Dé ausgesucht, der in dem Nationalpark auf rund 1.100 Metern Höhe mitten im Buchenwald liegt. Man hat, trotz des Regens, sehen können, was es für ein hübscher Platz ist. Wir haben aber letztendlich nur eine Nacht dort verbracht, weil wir echt förmlich abgesoffen sind. Die Zufahrten zum Platz sind nicht gut für große Camper geeignet. Das steht so zumindest auf der Seite des Campingplatzes. Das haben wir aber leider nicht gelesen und sind etwas blauäugig einfach hingefahren. Das Reinfahren hat dann auch noch geklappt, aber nachdem es den ganzen Tag und die folgende Nacht wie aus Eimern geschüttet hat, musste uns beim Rausfahren ein Land Rover zur Hilfe kommen. Für die Jungs (inklusive Arne) natürlich ein kleines Abenteuer, mit einem Geländewagen vom Platz geschleppt werden zu müssen.

Nur fünf Minuten vom Campingplatz entfernt fährt die Seilbahn Teleferico Fuente Dé. In vier Minuten kann man mit ihr 753 Höhenmeter überwinden und anschließend tolle Wanderungen unternehmen. Das hätten wir sehr gerne gemacht, war bei dem Schietwetter aber leider nicht möglich.

PLAYA ARENAL DE MORÍS

Privater Stellplatz | Caravia | Asturien

■ GPS: 43.474374, -5.179443
Kosten: 5 €

LAGE

Nach unserem leider nicht ganz so erfolgreichen Ausflug in die Picos de Europa ging es für uns schnell wieder zurück an die Küste. Nächster Spot: Playa Arenal de Morís. Wir haben von Leuten, die wir unterwegs getroffen haben gehört, dass der Strand super sein soll und man dort gut stehen kann. Ein Geburtstag stand an, von daher wollten wir gerne an einen besonders schönen Platz, nah am Wasser.

Caravia liegt an der der sogenannten grünen Küste Spaniens, der Costa Verde, circa 60 Kilometer östlich von Gijón. Die Gegend ist bekannt für breite Sandstrände, steile Klippen und gebirgiges Hinterland.

INFOS ZUM PLATZ

Ähnlich wie in San Vicente de la Barquera handelt es sich bei dem Platz um eine große Wiese, die als Parkplatz genutzt wird und auf der man auch übernachten kann. Tagsüber kommt jemand und kassiert fünf Euro. Der Platz ist etwas abschüssig angelegt, auch hier sind wieder Auffahrböcke von Vorteil, um den Camper einigermaßen gerade zu bekommen. Es gibt keine sanitären Einrichtungen. Ein paar Minuten zu Fuß entfernt ist aber eine öffentliche Toilette, die tagsüber geöffnet hat und am Strand unten gibt es eine Dusche. Vom Platz aus hat man einen wunderschönen Blick auf die Bucht. Rundherum ist alles grün und die Kühe weiden direkt nebenan auf einer Wiese. Morgens kommt ein Bäcker vorbei und bringt frisches Brot und leckere Croissants.

UMGEBUNG

Man kann den Strand vom Platz aus sehen, es sind also nur ein paar Meter bis dorthin. Der Strand ist toll und sehr gut geeignet zum Surfen. Am Strand endet ein kleiner Fluss im Meer – eine tolle Gelegenheit für die Kinder, Staudämme zu bauen und kleine Boote fahren zu lassen. Es gibt ein kleines Restaurant und man kann hier mittags ganz gut ein paar Pommes oder ein Sandwich auf der Terrasse essen.

20 Minuten entfernt Richtung Llastres ist das MUJA – das Museo del Jurasico de Asturias. Die Asturische Küste wird auch gerne als die Dinosaurierküste bezeichnet, weil es dort sehr viele eindrucksvolle Knochenfunde und versteinerte Spuren aus der Dinozeit gibt. Das Museum ist modern und schön gemacht. Das Gebäude ähnelt einer dreizehigen Dinosaurierfährte und in jedem Zeh findet man ein unterschiedliches Zeitalter. Es gibt sowohl Kopien von Dinoskeletten als auch Originale zu bestaunen. Wenn Dino-Fans unter euch sind, ist das ein schönes Ausflugsziel.

PLAYA DE VERDICIO

Privater Stellplatz | Ferrero | Asturien

GPS: 43.628586, -5.876195
Kosten: 10 €

LAGE

In Nordspanien sind wir wirklich von einem schönen Platz zum nächsten gefahren. Nach den tollen Plätzen in San Vicente de la Barquera und Arenal de Morís, sind wir am Playa de Verdicio zwischen Gijón und Avilés gelandet. Und dieser Platz reiht sich unweigerlich ein in die Liste der perfekten Spots an der Nordküste Spaniens. Den Platz haben wir über die park4night App gefunden. Die Beschreibung klang ganz gut: großartiger Blick, ruhig, Surferspot. Da war schnell klar, dass wir uns das anschauen wollen.

INFOS ZUM PLATZ

Bei dem Platz handelt es sich um eine große Wiese in unmittelbarer Nähe von einem bewachten Strand, direkt an den Felsen. Die Felsen sind aber nicht steil und selbst kleinere Kinder können hier problemlos bei Ebbe herumklettern. Man hat sie vom Platz aus gut im Blick und die Felsen bieten den perfekten Spielplatz. Es bilden sich kleine Becken, in denen man schwimmen kann. Unsere Jungs waren stundenlang damit beschäftigt, mit ihrem Kescher über die Steine zu laufen und Schätze zu suchen. Mit größeren Kindern kann man hier bei Flut von den Felsen ins Wasser springen. Emil hat sich getraut und mega Spaß gehabt. Er wollte gar nicht mehr aufhören. Vorne am eigentlichen Strandabschnitt gibt es Stranddduschen. Eine öffentliche Toilette gibt es hier zwar nicht, aber die beiden dort ansässigen Restaurants bieten Toiletten für Ihre Gäste an.

Als wir Anfang August auf diesem Platz waren, war trotz Hauptsaison nicht besonders viel los. Wir haben zumindest ohne Probleme direkt einen Platz in der ersten Reihe ergattert. Meist kommt vormittags jemand vorbei und kassiert zehn Euro Parkgebühren.

UMGEBUNG

Ein ganz großer Vorteil des Platzes ist, dass man so nah am Wasser stehen kann. Normalerweise brauchen wir nämlich ewig, bis wir zum Strand kommen. Bis alles gepackt ist, alle umgezogen und eingecremt sind, können schon manchmal Stunden vergehen. Das war hier wirklich herrlich: Badesachen an und los. Man kann ein paar Meter gehen und kommt an den Sandstrand Playa de Verdicio. Der Strand ist bewacht und auch der Bereich an den Felsen wird noch von den Lifeguards mit abgedeckt.

Auf der Wiese oberhalb des Stellplatzes gibt es ein total nettes Chiringuito, bei dem es zu der Zeit, als wir da waren, fast jeden Abend Live Musik direkt an der Bar gab. In Kombination mit dem wunderschönen Sonnenuntergang, den man jeden Abend von dort aus sehen kann, absolut traumhaft.

Der nächste große Supermarkt und eine Versorgungsstation befinden sich im 17 Kilometer entfernten Avilés.

SAN ROMÁN DE VALE

Freistehen | Praia de Area Grande | Galicien

GPS: 43.715658, -7.623918
Kosten: 0 €

LAGE

Nachdem wir an der kantabrischen Küste mit einem schönen Platz nach dem anderen verwöhnt wurden, waren wir sehr gespannt auf Galicien. Von Galicien haben wir viel Tolles gehört. So richtig vorstellen konnten wir uns nicht, dass es jetzt noch mal schöner werden sollte. Unser erster Spot an der galicischen Küste war San Román de Vale. Der Ort liegt an der äußeren Nordwestküste in der Provinz Lugo.

INFOS ZUM PLATZ

Hinter dem Restaurant Area Grande befindet sich ein nicht asphaltierter Platz, auf dem das Parken und Übernachten gestattet ist. Man darf dort nicht nur kostenfrei stehen, es gibt sogar noch einen Servicebereich für Camper auf der Rückseite des Restaurants. Die Entsorgung und Frischwasser sind hier ebenfalls kostenlos. Der Platz ist etwas uneben, bietet aber schattige Möglichkeiten zum Stehen und ist schön ruhig. Es gibt eine Stranddusche auf dem Weg zum Wasser, aber keine Toiletten.

UMGEBUNG

Der Strand ist nur wenige Meter entfernt und, wie wir es schon aus Kantabrien gewohnt waren, richtig schön. Es gibt ein paar Felsen, an denen sich bei Ebbe kleine Becken bilden – perfekt für die Kinder zum Spielen und Planschen. Wir haben aus Stöckern kleine Flöße gemacht, in den Becken am Strand ausprobiert, wie gut sie schwimmen können und in den kleinen Flüsschen Staudämme gebaut. Rechts vom Strand kann man auf einen kleinen Hügel steigen und hat einen wunderschönen Blick auf die Küste. Wir selbst waren nicht in dem Restaurant essen, haben aber von anderen gehört, dass es ganz gut sein soll. Die Terrasse mit Blick aufs Meer schafft auf jeden Fall ein schönes Ambiente.

O VICEDO

Freistehen | Praia de Arealonga | Galicien

GPS: 43.729571, -7.689466
Kosten: 0 €

LAGE

Nur zwölf Kilometer vom Praia de Area Grande haben wir schon unseren nächsten Platz am Wasser gefunden. Wir sind eine ganze Weile rumgefahren und haben uns verschiedene Plätze angeschaut. Letztendlich haben wir uns dann für einen Platz entschieden, den wir von der Straße aus im Vorbeifahren gesehen hatten. Die Wahl war gut, hier haben wir dann über eine Woche gestanden.

INFOS ZUM PLATZ

Es handelt sich bei dem Platz um einen relativ wenig frequentierten Parkplatz direkt am Strand. Wenn man einen der vorderen Plätze ergattert, steht man sogar mit dem Frühstückstisch im Sand. Die Kleinen können am Strand toben und man hat sie die ganze Zeit, auch vom Auto aus, im Blick. Am Praia de Arealonga gibt es eigentlich keine Wellen, da das Kap Estaca de Bares vorgelagert im Atlantik liegt. Das Wasser ist relativ lange flach, die Jungs konnten hier wunderbar planschen. Wellenreiten geht hier zwar nicht, dafür gab es aber endlich mal wieder eine Gelegenheit das Windsurfbrett vom Dach zu holen und den Kite aufzubauen. Es gibt keine Serviceleistungen, direkt neben dem Platz befindet sich allerdings eine Stranddusche. An manchen Tagen kam morgens ein Bäcker vorbei und hat uns mit frischem Brot versorgt.

> Wenn man einen der vorderen Plätze ergattert, steht man sogar mit dem Frühstückstisch im Sand.

UMGEBUNG

Von dem Platz aus hat man einen tollen Blick auf das vorgelagerte Kap. Dort befindet sich der nördlichste Punkt Spaniens und der iberischen Halbinsel. Ein Leuchtturm, der seit 1850 durchgehend in Betrieb ist, steht auf der Spitze des Kaps. Wir haben einen Ausflug dorthin und einen schönen Spaziergang am Leuchtturm vorbei, bis ganz nach vorne auf die Klippen, gemacht. Auf dem Parkplatz des Leuchtturms kann man wohl auch mit dem Camper stehen, das hat uns aber nicht so gut gefallen.

Das kleine Fischerdorf O Porto de Bares liegt ebenfalls gegenüber vom Stellplatz. An dem Sandstrand Praia de Bares, der sich über einen langen Bogen erstreckt, kann man gut mit Kindern baden. Es gibt einige kleine Bars und Restaurants in der Nähe des kleinen Fischereihafens.

A CORUÑA

Freistehen | Galicien

GPS: 43.382672, -8.410571
Kosten: 0 €

LAGE

A Coruña ist die Hauptstadt der Provinz A Coruña, die zu Galicien zählt. Sie liegt im äußersten Nordwesten Spaniens, auf einer Halbinsel direkt am Atlantik. Eigentlich haben wir große Städte auf unserer Reise eher gemieden. Ab und an musste es dann aber doch mal sein, um ein paar Dinge zu erledigen. In A Coruña stand die Besorgung von Neoprenanzügen für die gesamte Familie ganz oben auf der Liste.

INFOS ZUM PLATZ

Wir haben auf dem Parkplatz am Aquarium Finisterrae übernachtet. Das ist kein offizieller Wohnmobilstellplatz, das Parken von Campern wird nachts allerdings toleriert. Man steht auf einem betonierten Platz unterhalb vom Aquarium direkt am Wasser. Es gibt keinerlei Versorgungsleistungen, aber wir hatten eine ruhige Nacht und waren auch nicht das einzige Auto an diesem Abend. Um dann den Tag in der Stadt zu verbringen, sind wir morgens auf einen bewachten Parkplatz am Yachthafen gefahren (43.369822, -8.387858). Hier haben wir für ein fünf-Stunden-Ticket aber 16 Euro gezahlt – allerdings war das Auto auf einem eingezäunten Parkplatz sicher geparkt, das war es uns wert.

UMGEBUNG

Unsere Mission in A Coruña war relativ klar: Surfshops. Wir haben uns vorher über Google Maps angeschaut, wo es welche gibt und sind dann von Shop zu Shop durch die Stadt getingelt. Wir sind durch die Altstadt gelaufen, an der Promenade entlang bis zum historischen Hafen. Den ältesten funktionierenden Leuchtturm der Welt La Torre de Hércules haben wir nur von Weitem gesehen. In den Surfshops hatten wir leider kein Glück, zumindest was Neoprenanzüge angeht. Einen Shop direkt an der Promenade kann ich euch aber dennoch absolut empfehlen: Vazva (43.372198, -8.403152) ist ein lokal geführter Surfshop eines spanischen Surfbrands, der unter dem gleichen Namen schöne und nachhaltige Mode für Erwachsene und Kinder produziert.

A Coruña gehört wohl zu den schönsten Metropolen am spanischen Atlantik – uns hat es auf jeden Fall gefallen und wir haben mal wieder gemerkt, dass man mit unseren Jungs so einen Städtetrip (zumindest einen kleinen) ganz gut machen kann.

CARNOTA

Freistehen | Playa Boca do Río | Galicien

GPS: 42.841449, -9.100262
Kosten: 0 €

LAGE

An der Costa da Morte, in der Gemeinde Carnota, liegt der nächste Stellplatz. Wir waren eigentlich schon ein Stück weiter südlich, hatten dann
aber Kontakt mit einer Familie, die wir auf der Reise kennengelernt haben.
Da sie planten ein paar Tage am Playa Boca do Río zu verbringen, haben
wir kurzerhand entschieden, ein paar Kilometer zurückzufahren, um sie
dort zu treffen.

INFOS ZUM PLATZ

Kurz vor dem öffentlichen Parkplatz am Playa Boca do Río gibt es auf
der rechten Seite die Möglichkeit, mit dem Camper zu stehen. Der Platz
ist total schön, umgeben von Bäumen, auf zwei Ebenen, mitten in der
Natur – und nur ein paar Meter vom Strand entfernt. Es gibt keinerlei
Serviceleistungen.

UMGEBUNG

Der insgesamt sieben Kilometer lange Strand Praia de Carnota ist der längste Strand Galiciens und bei Ebbe an einigen Stellen mehr als 500 Meter breit. Zwischen dem Strand und dem Stellplatz befindet sich nochmal eine von Steinen durchzogene Felsenlandschaft. Bei Ebbe werden diese großen Steine teilweise freigelegt und bieten vielfältige Möglichkeiten sich zu beschäftigen. Man kann von den Felsen in kleine Becken springen, klettern oder Krebse sammeln. Ein weiteres Highlight dort ist, dass bei ablaufendem Wasser kleine Stromschnellen entstehen, sodass sich die Kinder bewaffnet mit verschiedensten Schwimmhilfen Richtung Strand treiben lassen können. Die Felsen sind weitestgehend rund und der Fluss endet seicht in Richtung Meer – selbst die Kleinsten können sich hier also in die Fluten wagen.

PORTO DO SON

Privater Stellplatz Más Aberto | Galicien

■ GPS: 42.641086, -9.037261
Kosten: 10 €

LAGE

Sowohl über park4night als auch über Empfehlungen von anderen, die wir unterwegs getroffen haben, sind wir auf einen ganz wunderbaren Platz in der nordspanischen Region Galicien an der westlichen Atlantik-küste aufmerksam geworden. In der Nähe des kleinen Ortes Xuño mit knapp 1.000 Einwohnern in der Provinz A Coruña direkt am Praia das Furnas Xuño. Wir waren schon einige Zeit in Galicien unterwegs, haben mehrere größere Städte wie Ferrol und A Coruña besucht und hatten alle Lust auf einen ruhigen Platz mit guten Bedingungen am Meer, auf dem man auch mal wieder ein paar Tage stehen kann.

INFOS ZUM PLATZ

Der Platz ist gut gelegen und etwas versteckt hinter dem öffentlichen Parkplatz am Praia das Furnas Xuño. Man muss einen kleinen Feldweg entlangfahren, um die eingezäunte Wiese zu erreichen. Als wir auf den Platz gefahren sind, kam uns direkt der entspannte Besitzer entgegengelaufen. Er hat uns begrüßt und uns aufgefordert, uns einen freien Platz auszusuchen. Ich würde mal schätzen, dass so circa 25 Camper auf den Platz passen. Für zehn Euro am Tag pro Auto kann man auf dem terrassenartig angelegten Platz sehr entspannt stehen. Es gibt eine Außendusche und eine Möglichkeit abzuspülen. Leider gibt es keine Toilette und keine Camper-Versorgung. Aber an der nahegelegenen Surfschule gibt es ein ordentliches, öffentliches Klo, das zumindest tagsüber geöffnet ist. Man kann beim Besitzer Brot für den nächsten Tag bestellen. Das ist uns besonders in Erinnerung geblieben, da es das mit Abstand beste Brot war, das wir bisher auf einem Camping- oder Stellplatz in Spanien bekommen haben. Auf dem unteren Teil des Platzes parken rechts und links Camper und in der Mitte gibt es eine große freie Fläche. Als wir da waren, standen noch mehrere Familien mit Kindern dort und es war total cool für die Jungs, weil sie die Fläche zum Fahrrad fahren und Spielen mit den anderen Kids nutzen konnten.

Wir waren schon einige Zeit in Galicien unterwegs und hatten alle Lust auf einen ruhigen Platz mit guten Bedingungen am Meer, auf dem man auch mal wieder ein paar Tage stehen kann.

UMGEBUNG

Der große, wirklich sehr schöne Strand ist in wenigen Minuten zu Fuß zu erreichen. Ich finde es immer toll, wenn unser Auto nicht so weit vom Strand wegsteht und man ohne Probleme auch noch mal schnell zurücklaufen kann, um was zu essen oder was sonst so benötigt wird zu holen. Am Strand gibt es Felsen, die Kinder können super klettern, Muscheln sammeln oder Krebse suchen. An der Westküste ist das Wasser schon definitiv kälter als an der Nordküste, aber zum kurzen Erfrischen ging das Meer klar.

An diesem Strand habe ich mich zum ersten Mal mit dem Surfbrett in die Wellen gewagt. Für Anfänger und Kinder ist es dort zum Üben wirklich gut. Am eigentlichen Parkplatz für den Strand gibt es ein kleines Chiringuito und eine lokale Surfschule.

CÁDIZ

Wohnmobilstellplatz | Andalusien

GPS: 36.537630, -6.289979
Kosten: 3 €

LAGE

Die Hafenstadt Cádiz im westlichen Teil von Andalusien war einer unserer Spots an der spanischen Südküste. Für die Jungs standen neue Schuhe auf dem Einkaufszettel und wir waren uns recht sicher, in Cádiz etwas Passendes zu finden.

Egal in welche Richtung man in Cádiz zu Fuß geht, man hat immer das Gefühl, dass man am Ende irgendwie am Wasser landet.

INFOS ZUM PLATZ

Wir haben zuerst einen Stellplatz im Westen der Stadt ganz in der Nähe der Burg Castillo de Santa Catalina über park4night gefunden, der uns dann aber so gar nicht gefallen hat. Er war zu weit ab vom Schuss und wirkte etwas verwahrlost – wir haben uns also schnell entschieden, dort nicht zu bleiben. Der zweite mögliche Platz zum Übernachten ist direkt am Hafen. Es ist ein betonierter, recht hässlicher Parkplatz. Aber er ist bewacht, der Stadtkern fußläufig zu erreichen und uns ist es in größeren Städten immer wichtig sicher zu stehen. Man zieht ein Ticket an der Schranke beim Reinfahren. Wenn man aber nicht am Automaten bezahlt, sondern direkt im Wärterhäuschen, bekommt man einen extra Tarif für Camper. Wir haben für 24 Stunden nur drei Euro bezahlt.

Wichtig zu wissen ist bei dem Platz noch, dass sich in unmittelbarer Nähe zu diesem Parkplatz eine Großraumdiskothek befindet. Am Wochenende kann es hier also wohl gerne auch mal etwas lauter werden. Wir haben davon allerdings zum Glück unter der Woche nichts mitbekommen.

UMGEBUNG

Egal in welche Richtung man in Cádiz zu Fuß geht, man hat immer das Gefühl, dass man am Ende irgendwie am Wasser landet. Die Stadt ist fast komplett vom Meer umschlossen. Kleine Gassen führen zur malerischen Altstadt. An der schönen Strandpromenade reihen sich Restaurants an Bars und kleine Läden. Obwohl man meinen könnte, dass Cádiz eine sehr touristische Stadt ist, hat sie ihren eigentlichen Charme nicht verloren. Große Touristengruppen sieht man hier eher wenig, stattdessen eine lebensfrohe, spanische Stadt mit einer besonderen Verbindung zum Meer. Wir haben uns in einer kleinen Panadería mit Leckereien eingedeckt und auf dem Weg durch die schmalen, hübschen Gassen gefrühstückt. Einen halben Tag haben wir uns einfach ohne großen Plan durch Cádiz treiben lassen. Und nebenbei hatten wir noch Glück und haben für die Jungs tolle Schuhe in einem kleinen Laden gefunden.

TARIFA

Freistehen | Playa de los Lances | Andalusien

■ GPS: 36.048152, -5.641592
Kosten: 0 €

LAGE

Nach einem kurzen Stopp in El Palmar de Vejer ging es für uns weiter nach Tarifa. Wir hätten gerne ein paar Tage in El Palmar verbracht, aber irgendwie haben wir dort keinen guten Platz zum Stehen gefunden. Also nicht, dass es nicht genug Parkflächen gegeben hätte, aber entweder waren die Plätze abgesperrt oder es kam immer direkt jemand und hat uns weggeschickt. Busse ja – Camper leider nicht. Schade, denn der Ort an sich hat echt nett ausgesehen und die Wellen waren super. Aber so ging es für uns dann doch ein kleines bisschen früher als geplant nach Tarifa. Tarifa ist der südlichste Punkt des europäischen Festlands, direkt an der Straße von Gibraltar, wo Atlantik und Mittelmeer aufeinandertreffen.

INFOS ZUM PLATZ

Gleich vorneweg: Wir haben uns total in Tarifa verliebt. Dass wir den Kite-Hotspot in Spanien auf jeden Fall früher oder später besuchen wollen, war klar, aber dass wir so lange in Tarifa hängen bleiben würden, war uns vorher auch nicht bewusst. Insgesamt haben wir knapp drei Wochen dort verbracht. Der Stellplatz, auf dem wir die meiste Zeit standen, liegt etwas außerhalb von Tarifa, direkt am Playa de los Lances, ungefähr acht Kilometer vom Stadtkern entfernt. Man steht direkt hinter der Düne und hat einen wunderschönen Blick auf den langen, weißen Sandstrand. Aber nicht nur das: In der Ferne kann man ohne Probleme die Bergketten von Marokko erkennen. Durch den tollen Blick auf Afrika hat sich unsere Vorfreude auf unseren Trip nach Marokko noch weiter gesteigert.

Auf dem Platz gibt es keine Serviceleistungen, die nächste Versorgungsstation ist an einer Tankstelle in Tarifa. Die Bars und Chiringuitos, die sich entlang des sieben Kilometer langen Strandes befinden, hatten alle zu der Zeit, als wir dort waren geschlossen. Von Einheimischen haben wir erfahren, dass Tarifa in den Sommermonaten geradezu von Touristen überfüllt sei. Im November und auch nachdem wir Anfang Februar von Marokko wieder zurückkamen, war es dort allerdings sehr angenehm. Arne war viel kiten und die Jungs hatten Spaß mit ihren Rädern auf dem Platz oder beim Spielen in den Dünen.

Es gibt auch Plätze direkt in Tarifa, auf denen man stehen kann. Es gibt asphaltierte Parkplätze ziemlich nah an der Strandpromenade (36.024012, -5.616364 oder 36.020201, -5.613974) und auch einen Wohnmobilstellplatz mitten im Ortskern (36.018092, -5.610876). Diese Plätze bieten, wenn gewünscht, auch mal die Möglichkeit, in Tarifas schöner Altstadt essen oder shoppen zu gehen, ohne im Anschluss noch einen Schlafplatz suchen zu müssen.

UMGEBUNG

Tarifa ist wirklich wunderschön. Die Atmosphäre ist einzigartig, die Leute sind super freundlich und es wirkt alles total entspannt. Viele Surfshops und Einkaufsmöglichkeiten liegen direkt am Ortseingang. Durch das historische Stadttor Puerta de Jerez gelangt man in den wohl schönsten Teil Tarifas: die Altstadt. Enge, kleine Gassen, wunderschöne Häuser, hippe Läden und nette Cafés gibt es hier zu Genüge. Jeden Dienstagmorgen findet ein Markt statt, auf dem es sowohl Kleidung als auch Obst und Gemüse zu kaufen gibt.

Für unsere Jungs war das absolute Highlight allerdings der Pump-Track-Park, der direkt zwischen Skatepark und Wohnmobilstellplatz gebaut wurde. Sogar der Kleine, der erst ein paar Tage vorher vom Laufrad aufs richtige Fahrrad umgestiegen ist, hat sich mutig über die Kicker und durch die Steilkurve gewagt – immer dem großen Bruder hinterher. Wir sind mehrmals in den Stadtkern von Tarifa gefahren und haben immer wieder etwas Neues entdeckt. Wir waren essen in leckeren Restaurants, zum Beispiel in der kleinen Tapasbar Tasca La Romanera (36.012864, -5.601721) und in dem wahnsinnig guten Grillrestaurant Braseria Vaca Loca (36.012525, -5.603529). Es gibt aber mit Sicherheit noch viel mehr Restaurants, die einen Besuch wert sind.

HIGHLIGHT: GIBRALTAR

Ein Tagesausflug ins britische Überseegebiet

In unserer Zeit zwischen Tarifa und Algeciras hatten wir einen tollen Blick auf die afrikanische Nordküste und zeitweise auch auf den Felsen von Gibraltar. Einen Besuch des großen Landzipfels an der Südküste Spaniens hatten wir eigentlich gar nicht vorgesehen, aber nachdem die Kinder erfahren hatten, dass es dort freilebende Affen gibt, mussten wir spontan umplanen und einen Tagesausflug dorthin starten.

Gibraltar ist ein britisches Überseegebiet auf dem spanischen Festland und liegt genau zwischen Spanien und Afrika. Vermutlich ist vielen der berühmte Affenfelsen ein Begriff. Von ihm aus hat man direkte Sicht auf die Straße von Gibraltar, die das Mittelmeer mit dem Atlantik verbindet und eine der meistbefahrenen Wasserstraßen der Welt ist. Gibraltar ist britisch, aber mit einem Hauch von Spanien und Afrika. Irgendwie spannend und so richtig vorstellen konnten wir uns das Ganze zuerst auch nicht. Wenn man dann dort ist, merkt man aber tatsächlich sofort, dass man sich auf britischem Boden befindet. Rote Telefonzellen und Doppeldeckerbusse wie man sie aus London kennt, an jeder Ecke gibt es Fish & Chips, Pubs und jede Menge Union Jacks.

Aber noch mal zurück zum Anfang. Unser erster Plan war es, mit dem Auto nach Gibraltar zu fahren, den Affenfelsen zu besuchen und durch die Stadt zu bummeln. Wir haben mit dem Camper die Grenzkontrolle passiert und schnell gemerkt, dass es keine besonders gute Idee war, mit dem Wohnmobil bis auf die Halbinsel zu fahren. Die Straßen sind sehr eng und voll, einen Parkplatz zu finden undenkbar und wir haben schon nach wenigen Minuten beschlossen, dass das so für uns keinen Sinn macht. Also wieder raus, erneut durch die Grenzkontrolle zurück nach Spanien, zu einem naheliegenden Parkplatz am Yachthafen Alcaidesa Marina, auf dem das Auto für zwölf Euro entspannt und sicher stehen konnte (36.156075, -5.354608).

Der zweite Versuch zu Fuß war dann um einiges entspannter. Vom Parkplatz aus ist man in circa zehn Minuten an der Grenzkontrolle von Gibraltar. Nachdem wir erneut unsere Pässe vorgezeigt hatten, ging es für uns über

> Direkt beim Einfahren wurden wir vom ersten Affen begrüßt, der, noch bevor wir richtig oben waren, durch die Dachluke in die Seilbahn geklettert ist.

die Start- und Landebahn des Flughafens. Was erst mal absurd klingt, ist hier tatsächlich Realität: Es gilt Luft- vor Bodenverkehr und mehrmals am Tag müssen die Fußgänger für zehn Minuten warten, wenn gerade ein Flugzeug startet oder landet. Als wir die Grenze passierten, war zwar kein Luftverkehr in Sicht, die Jungs waren aber trotzdem nicht wenig beeindruckt und sind freudig über die Landebahn spaziert.

Wir haben uns entschieden mit dem Bus bis zur Seilbahn des Affenfelsens zu fahren. Die Bushaltestelle liegt kurz hinter dem Grenzübergang und wir konnten an den Ticketautomaten problemlos mit Euro oder Kreditkarte bezahlen. Wir konnten die Busfahrt genießen und bekamen

einen guten Eindruck von Gibraltar. Bei der Fahrt kurze Zeit vorher mit dem Camper durch die Stadt waren wir dazu nicht in der Lage, waren wir doch viel zu sehr damit beschäftigt, irgendwie unfallfrei durch die kleinen und vollen Gassen zu kommen.

Ausgestiegen sind wir am großen Parkplatz an der Seilbahn. Und von da ging es dann auf direktem Wege mit der Gondel auf den Kalksteinfelsen, der an der höchsten Stelle 426 Meter über dem Meer liegt. Der Preis für die Fahrt mit der Bahn ist nicht ohne, wir haben zu viert knapp 50 Euro bezahlt. Wohlgemerkt für eine Fahrt von nur ein paar Minuten. Für die Jungs war es trotzdem super aufregend. Der Blick aufs Hinterland, die Stadt, das Meer und natürlich auch auf Afrika, das zum

Greifen nah erscheint, hat uns echt beeindruckt. Direkt beim Einfahren der Bahn wurden wir vom ersten Affen begrüßt, der, noch bevor wir richtig oben waren, durch die Dachluke in die Seilbahn geklettert ist. Die Kinder hatten schon ziemlich Respekt vor den Affen, waren aber auch mindestens gleichermaßen neugierig und begeistert. Man hört ja immer wieder, dass die Tiere eher wenig Berührungsängste haben und vor allem Touristen mit Rucksack, Sonnenbrille oder Umhängetasche gerne mal angesprungen werden. Dessen waren wir uns bewusst – unseren Ruck-sack, den sonst meistens ich aufhabe, musste heute mal Arne tragen. Aber wir haben uns auch nicht ganz so blauäugig verhalten wie manch andere, die den Tieren sehr nahekommen und es fast darauf anlegen, einen Affen auf der Schulter sitzen zu haben.

Wir sind ein wenig auf dem Felsen herumspaziert. Es gibt verschie-dene Aussichtsplattformen, die man erreichen kann und von allen bietet sich ein wirklich einzigartiger Ausblick. Wir haben die Affen beobachtet, zum Teil auch ganz kleine, wie sie weitestgehend unbeeindruckt von den Menschen um sie herum in der Sonne abhängen, klettern oder faul auf den Felsen liegen. Und obwohl die Tiere total ruhig und gechillt wirken, ist trotzdem absolut klar, wer dort oben der wahre Chef ist. Auch bei der Fahrt nach unten wurden wir wieder bis in die Seilbahn von einem Äffchen begleitet. Der Kleine ist erst im letzten Moment von der Gondel gesprungen, bevor er sich sonst mit uns auf den Weg bis ganz nach unten gemacht hätte.

Nach dem Ausflug auf den Affenfelsen sind wir noch ein bisschen durch die Altstadt von Gibraltar geschlendert. Man merkt, dass viele Spanier hierherkommen, um bestimmte Dinge günstiger einzukaufen. Auch der Sprit ist um einiges günstiger als auf dem angrenzenden spa-nischen Festland. Es ist ein ganz schönes Gewusel und wir haben uns ziemlich direkt auf den Weg zurück zur Grenze gemacht. Diesmal aber komplett zu Fuß, um zumindest noch ein bisschen was vom Flair der Stadt mitzubekommen.

Gibraltar war für uns ein entspannter und aufregender Tagesaus-flug. Den ersten Versuch mit dem Auto in die Stadt zu fahren, hätten wir uns im Nachhinein sparen können – aber gut, hinterher ist man immer schlauer. Die Tatsache, plötzlich gefühlt mitten in England zu stehen, die Fahrt zum Affenfelsen und der Weg direkt über die Landebahn auf die englische Halbinsel, machten den Tag für uns zu etwas ganz Besonderem auf unserer Reise.

PORTUGAL

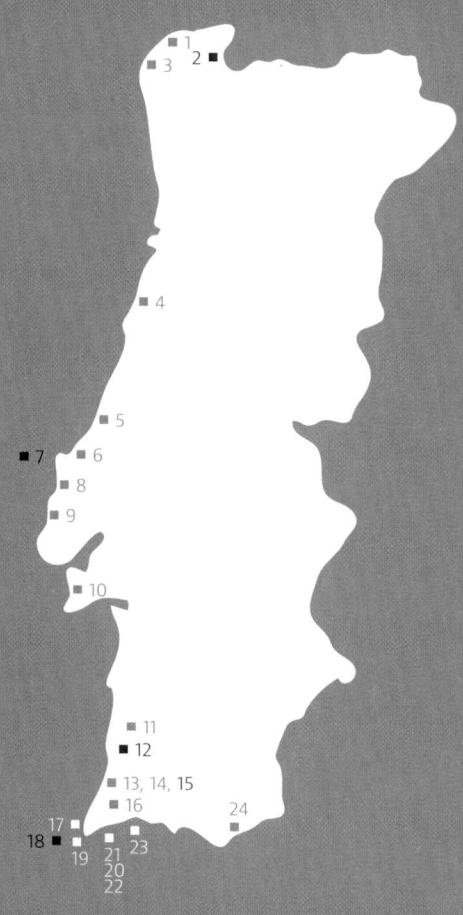

Schon lange vor unserer großen Reise haben wir von einem Urlaub im Süden Portugals geträumt. Da wir aber in den letzten Jahren eigentlich immer und ausschließlich mit dem Camper gereist sind, hatten wir es schlichtweg noch nicht bis dorthin geschafft. Die rund 3.000 Kilometer von Hamburg bis nach Sagres, am südwestlichen Zipfel Portugals, waren für einen zwei- oder dreiwöchigen Urlaub immer zu weit. Als aber feststand, dass wir uns ein Jahr Zeit nehmen werden, um durch Europa zu reisen, war uns beiden sofort klar, dass wir es diesmal auch bis nach Portugal schaffen.

Um ehrlich zu sein, war der Süden Portugals dadurch immer irgendwie das heimliche Ziel unserer Reise. Wir haben uns im Vorhinein ja auf alles gefreut: Frühling in der Toskana, die heißen Sommermonate an der Westküste Frankreichs, Nordspanien, Galicien und alles, was vor uns lag. Aber auf die Zeit in Portugal noch mal ganz besonders. Der grobe Plan war Anfang Herbst nach Portugal zu fahren und dann mit ganz viel Zeit an der Küste entlang, mit dem ein oder anderen Abstecher ins Inland, bis runter an die Südküste. Freunde aus Hamburg lebten zu der Zeit, in der wir unterwegs waren, in Vila do Bispo in der Nähe von Sagres und auch auf den Besuch bei ihnen haben wir uns total gefreut.

In Portugal haben wir schließlich am meisten Zeit verbracht – insgesamt viereinhalb Monate. Es war genauso, wie wir es uns vorgestellt hatten, und wir haben uns vor allem in die Westalgarve unsterblich verliebt. Nachdem wir den Herbst dort verbracht hatten, sind wir im Februar, nach unserer Zeit in Marokko, wiedergekommen, um die letzten Wochen unserer Reise dort zu verbringen.

AFIFE

Freistehen | Praia de Afife | Nordportugal

GPS: 41.777282, -8.868926
Kosten: 0 €

LAGE

Die Stadt Afife liegt in Nordportugal und gehört zum Kreis Viana do Castelo. Für uns war das der erste Spot in Portugal, nachdem wir die Grenze bei Valença überquert haben. Der Ort an sich ist ziemlich unspektakulär, der Stellplatz direkt am Strand in der Natur dafür sehr zu empfehlen. Von der spanischen Grenze bis nach Afife sind es knapp 45 Kilometer und Viana do Castelo ist zwölf Kilometer entfernt.

INFOS ZUM PLATZ

Am Praia de Afife gibt es mehrere Möglichkeiten und Stellplätze. Wir haben uns für einen Platz entschieden, den wir über park4night gefunden haben. Dafür fährt man am eigentlichen Strandparkplatz vorbei und anschließend links einen kleinen Schotterweg entlang. Man kann auch vorne auf einem der Strandparkplätze stehen, uns hat aber der Platz direkt hinter der Düne besser gefallen. Als wir Anfang September dort waren, standen noch circa sechs andere Camper mit uns auf dem Platz. Am bewachten Badebereich gibt es Strandduschen und auch öffentliche Toiletten, die tagsüber geöffnet haben. Die nächste Servicestation für den Camper ist in Viana do Castelo. Einen gut sortierten Intermarché gibt es in Areosa, circa zehn Minuten mit dem Auto entfernt. Der Platz macht direkt Laune auf Portugal und unsere Vorfreude, noch weitere so schöne Plätze zu finden, war groß.

UMGEBUNG

Der Praia de Afife ist ein riesiger, weitläufiger Sandstrand, der über Wege aus Holzplanken zu erreichen ist. Der Strand ist wunderschön und im September nicht besonders stark frequentiert. Die lebhafte Brandung eignet sich perfekt zum Surfen. Der südliche Strandabschnitt ist mit Kindern etwas angenehmer. Hier bildet sich an einem Flüsschen, das ins Meer mündet, ein kleiner See – perfekt für die Kleinen zum Planschen. Wir haben ein paar Tage an dem Platz gestanden, ohne das Auto zu bewegen.

HIGHLIGHT: PENEDA-GERÊS

Portugals einziger Nationalpark

Auch in Portugal haben wir uns vorgenommen, nicht nur die Küste zu erkunden, sondern immer mal wieder Abstecher ins Inland zu unternehmen. Ganz im Norden, nachdem wir ein paar Tage in Afife verbracht hatten, machten wir uns also auf den Weg in den Nationalpark Peneda-Gerês.

Der einzige Nationalpark Portugals liegt in der Region Norte im Nordwesten Portugals, direkt an der Grenze zu Spanien. Der Park hat eine Fläche von 700 Quadratkilometern, ist durchzogen von Bergen, Schluchten, Seen, Flüssen und kleinen traditionellen Dörfern. Der hufeisenförmige Park ist kostenlos und gut mit dem Auto zu erreichen. Von Porto braucht man rund eine Stunde und auch von Viana do Castelo ist es nicht viel weiter. Der Park bietet eine beeindruckende Landschaft und eine weitestgehend unberührte Natur. Das einzigartige Klima lässt ihn über das ganze Jahr hinweg grün erscheinen. Insgesamt sechs Flüsse durchziehen den Park. Nicht nur an einer Stelle haben sie sich so tief in den Felsen geschnit-ten, dass dadurch Schluchten mit Wasserfällen entstanden sind. Zugleich bietet das bergige Gelände die perfekten Lebensbedingungen für wilde Tiere. Es gibt Schlangen, Füchse, Wölfe, zahlreiche Vogelarten, Skorpione und Wildpferde. Wir hatten Glück und sind unterwegs einigen der wilden Pferde begegnet.

Von Viana do Castelo sind wir über Ponte de Lima in den Nationalpark gefahren. Einen kurzen Halt in Ponte de Lima hatten wir eingeplant, weil wir durch Zufall erfahren haben, dass es dort einen ziemlich guten Pump Track gibt. Die Jungs hatten Lust eine Runde mit den Skateboards und den Fahrrädern zu drehen und konnten den gesamten Rundkurs ungestört nutzen, um über die Wellenbahnen zu heizen. Ausgepowert ging es dann für uns weiter.

Unseren nächsten Halt machten wir in dem Dörfchen Soajo, einem kleinen Bergdorf im Herzen des Nationalparks. Oberhalb des Dorfes gibt es ein wunderschönes kleines Naturschwimmbecken. Das Wasser ist erfrischend und glasklar.

Als wir dort waren, war trotz gutem Wetter nicht viel los und die Kulisse war wirklich beeindruckend. Wir haben bei warmen Temperaturen geplanscht, kurz zu Mittag gegessen und sind dann weitergefahren. Direkt an dem Becken gibt es einen schönen Platz, an dem man ohne Probleme die Nacht verbringen kann (41.880234, -8.268341) – mit tollem Blick auf das kleine Dorf. Ebenfalls in Soajo gibt es den kleinen Badesee Poço Negro do Soajo. An einer Baumschaukel kann man direkt über dem kristallklaren Wasser schaukeln und sich erfrischen (41.878429, -8.257113).

Wenn man sich etwas Zeit nimmt, kann man in dem Nationalpark sehr viel erleben und entdecken. Es gibt tolle Wanderwege, die auf historischen Römerwegen durch den Park führen. An allen Eingängen zum Nationalpark bekommt man kostenfreies Karten- und Infomaterial über die 40 offiziellen Wanderrouten. Neben Soajo gibt es noch etliche andere Stellen, an denen man in kleinen Naturbecken, an Wasserfällen und in glasklarem Wasser schwimmen kann. Ziemlich bekannt ist der Wasserfall Cascata do Arado. Mit dem Auto kommt man bis auf einen Kilometer an ihn heran und muss dann das letzte Stück zu Fuß bewältigen. Das Wasser fließt dort über mehrere Stufen in ein beeindruckendes Naturbecken.

Übernachtet haben wir in Pitões das Júnias, einem kleinen verschlafenen Dörfchen mit insgesamt nur 160 Einwohnern. Hier fühlt es sich wirklich an, als wäre die Zeit stehen geblieben. Der ruhige Kiesplatz liegt etwas am Rande des Dorfes und ist auch mit größeren Campern gut und einfach zu erreichen (41.841080, -7.946602). Auf dem Platz findet man einen kleinen Brunnen und man kann zu Fuß zu einer leckeren Bäckerei laufen. Wir waren Anfang September die Einzigen dort und haben uns sehr wohl gefühlt. Wir waren abends in dem Restaurant Casa do Preto essen, das nur wenige Minuten von dem Stellplatz entfernt ist. Dort bekommt man traditionelle portugiesische Küche in guter Qualität zu einem fairen Preis. Die Atmosphäre ist nett, der Besitzer freundlich und zuvorkommend. Es gibt einen Wasserfall in der Nähe des Dorfes, der dem Bach Pitões entspringt und in einem kleinen See mündet.

Wir haben insgesamt nur zwei Tage in dem Park verbracht. Man kann aber durchaus mehr Zeit einplanen, langweilig wird es bestimmt nicht. Für uns ging es wieder zurück an die Küste. Besuch aus der Heimat hatte sich angekündigt und wir wollten ein paar Tage in Viana do Castelo auf dem Campingplatz verbringen.

VIANA DO CASTELO

Campingplatz Orbitur | Nordportugal

■ GPS: 41.678658, -8.826346
   Kosten: 32 €

LAGE

Der Campingplatz liegt gegenüber der Stadt Viana do Castelo auf der anderen Seite des Rio Lima. Bekannt ist der Spot und der dazugehörige Praia do Cabedelo als einer der Besten Kite- und Windsurfspots in ganz Portugal. Der Campingplatz ist daher sehr beliebt bei Wassersportlern. Hier wird tatsächlich das ganze Jahr über gesurft, denn die Hafenbefestigungen und besonders die beiden Molen sorgen für sehr gute Bedingungen. Altantikswell auf der einen Seite der Bucht und Flachwasser auf der anderen machen den Spot auch für Anfänger total attraktiv.

INFOS ZUM PLATZ

Orbitur ist einer der größten portugiesischen Campingplatzbetreiber mit über 20 Plätzen, die über das ganze Land verteilt sind. Uns hat die Lage des Campingplatzes in Viana do Castelo überzeugt und dazu gebracht, etwas länger als geplant dort zu bleiben. Vom Platz kommt man direkt über ein Tor auf den Steg, der über die hohe Düne an den Strand führt. Der Weg ist kurz und mit Kindern und viel Stuff entspannt zu machen. Direkt am Eingang zum Platz gibt es eine Außendusche, um den Surfkram vom Salzwasser zu befreien. Man merkt, es ist alles sehr auf Wassersport ausgelegt. Der Campingplatz liegt in einem Pinienwald und war, als wir Anfang September dort waren, gut besucht. Es gab aber noch ein paar freie Plätze. Die Sanitäranlagen sind einfach, sauber und absolut ausreichend. Es gibt eine große Duschkabine, die man gut mit Kindern nutzen kann. Den Pool fanden die Jungs natürlich mega und wenn es am Strand zu windig wurde, sind wir dorthin ausgewichen. Ansonsten gibt es noch ein Restaurant, einen Minimarkt und eine kleine Snackbar. Der Platz ist nicht günstig, aber da wir in der letzten Zeit viel freistanden, konnten wir uns mal ein paar Tage einen etwas teureren Platz erlauben. Die Jungs haben es sehr genossen, sich auf dem Platz frei bewegen zu können. Es gibt einen kleinen Spielplatz und neben den ganzen Wassersportlern, waren viele Familien mit Kindern am Start.

UMGEBUNG

Der Stadtkern von Viana do Castelo ist leider nicht fußläufig zu erreichen, dafür braucht man auf jeden Fall das Auto. In der Stadt findet man Parkplätze, die auch für Camper klar gehen, rund um den Hafen. Die hübsche Stadt ist einen Besuch wert. Wir sind mit der Standseilbahn, die mit 650 Metern die längste des Landes ist, auf den Aussichtspunkt zu der Kirche Santuário de Santa Luzia gefahren. Von dort oben hat man einen schönen Blick über die Stadt. Die Jungs waren sehr beeindruckt von der kleinen Bahn, die uns nach oben und dann auch wieder nach unten gebracht hat. Wir haben das Navio Hospital Gil Eannes besucht, das als Museumsschiff im Hafen in Viana liegt. Hier kann man gut und gerne zwei Stunden verbringen und mit den Kindern die einzelnen Decks des Schiffes erkunden. Es gibt viel zu sehen und das Museum ist für die Kids gut und interessant aufgebaut.

In Viana gibt es einige nette Restaurants und Bars entlang der Promenade und in der Altstadt. Wir waren hier mehrmals essen und es war immer sehr lecker. Wenn man die großen Restaurants direkt an der Straße meidet und eher in den kleinen Gässchen sein Glück versucht, wird man ziemlich schnell fündig.

AVEIRO

Freistehen | Praia da Costa Nova | Zentralportugal

■ GPS: 40.608450, -8.755194
  Kosten: 0 €

LAGE

Für uns ging es vorbei an Porto weiter die Küste runter Richtung Süden.
Den nächsten schönen Platz haben wir dann in Aveiro gefunden. Aveiro
ist eine Universitätsstadt an der Westküste, direkt an der Lagune Ria de
Aveiro, in der ursprünglich Seetang und Salz geerntet wurden. Eine Stadt
mit schmucken Häusern, einer beeindruckenden Kathedrale und farben-
frohen Booten, die durch die zahlreichen kleinen Kanäle fahren.

INFOS ZUM PLATZ

Wir haben uns wieder für einen Platz – wie kann es anders sein – direkt am Strand entschieden. In dem kleinen Fischerdorf Costa Nova, gleich um die Ecke von Aveiro gibt es mehrere Stellmöglichkeiten an den Dünen. Wir waren ganz im Süden des Strandes an einem etwas kleineren Parkplatz, da uns die anderen zu voll waren. Hier standen wir noch mit ein paar anderen Autos etwas abseits vom großen Trubel. Am Platz gibt es keine Serviceleistungen und wir hatten eine ruhige Nacht.

UMGEBUNG

Das kleine Fischerdorf Costa Nova ist zu Fuß vom Platz zu erreichen. Wir sind entlang der Strandpromenade mit den kleinen Häusern, die allesamt mit Streifen in blau, gelb und rot gestrichen sind, spaziert. Diese berühmten Strohschuppen wurden ursprünglich von Fischern als Lager genutzt und dienen mittlerweile fast ausschließlich als Ferienhäuser. Es gibt eine kleine Markthalle, (40.610893, -8.749636) in der man eine gute Auswahl an frischem Fisch vorfindet, direkt neben regionalem Gemüse und Obst.

NAZARÉ

Freistehen | Praia do Norte | Zentralportugal

GPS: 39.611910, -9.083493
Kosten: 0 €

LAGE

Wenn man die Küste in Portugal entlangfährt, kommt man unweigerlich an Nazaré vorbei. Für uns war schon lange klar, dass wir der Stadt einen Besuch abstatten wollten. Nazaré liegt ungefähr 120 Kilometer nördlich von Lissabon und ist eine kleine Fischer- und Tourismus-Stadt. Richtig bekannt wurde sie erst durch die gewaltigen Wellen in den Wintermonaten und die weltweit einzigartigen Naturgegebenheiten, die diese verursachen.

INFOS ZUM PLATZ

Wir haben uns einen Stellplatz über park4night direkt am Praia do Norte ausgesucht. Obwohl es offiziell nicht erlaubt ist, auf diesem Platz zu übernachten, standen dort neben uns viele weitere Autos und wir hatten keine Probleme. Der Vibe ist gut, der Strand nah und der Blick aufs Wasser perfekt. Es gibt keine Serviceleistungen vor Ort. Wir sind nach einer langen Autofahrt dort angekommen und haben uns auf einen der letzten freien Plätze gestellt. Es war schon ziemlich spät und wir haben im Auto bei offenem Fenster zu Abend gegessen, als wir plötzlich wunderschöne Klaviermusik vernommen haben. Einen Moment haben wir gebraucht, dann haben wir gemerkt, dass unser Nachbar in seinen Bus tatsächlich ein richtiges Klavier eingebaut hat. Er hat unser Abendessen also sozusagen musikalisch begleitet und uns damit einen wirklich unvergesslichen Moment beschert.

UMGEBUNG

Nazaré ist wirklich etwas Besonderes. Ein 110 Meter hohes Felsplateau trennt das Neubauviertel unten am Strand von Sítio von dem alten Nazaré, das auf einem Hügel liegt. Auf dem Hügel findet man einen Leuchtturm und direkt unter diesem endet ein 230 Kilometer langer und bis zu fünf Kilometer tiefer Unterwassergraben im Atlantik. Bei starken Stürmen auf dem Meer lenkt dieser Graben die Energie des Wassers und sorgt damit, vor allem in den Wintermonaten, für die höchsten Wellen der Welt. Und diese Wellen, die über 20 Meter hoch werden können, locken Tausende von Menschen an. Nazaré gehört zu einem der besten Big-Wave-Spots weltweit. Die Stadt hat den Hype um das Thema Surfen erkannt und ist mitgezogen. Einmal im Jahr findet ein Event statt, zu dem die besten Big-Wave-Surfer eingeflogen werden, sobald klar ist, wann die Wellen auf die Küste treffen werden. Am Leuchtturm, der auf der Festung São Miguel Arcanjo am Praia do Norte trohnt, entstand vor ein paar Jahren ein kleines Big-Wave Museum. Für nur einen Euro Eintritt erfährt man etwas darüber, wie die Wellen in Nazaré genau entstehen und kann eine Ausstellung, in der das Equipment rund ums Big-Wave surfen gezeigt wird, besuchen.

Aber nicht nur wegen der großen Wellen ist Nazaré einen Besuch wert. Die kleine Küstenstadt ist echt hübsch, hat eine Strandpromenade mit netten Cafés und Restaurants. Sehr zur Freude unserer Jungs gab es auch hier eine Standseilbahn, wie wir sie aus Viana do Castelo schon kannten, die die beiden Stadtteile miteinander verbindet.

PENICHE

Freistehen | Zentralportugal

GPS: 39.370580, -9.336002
Kosten: 0 €

LAGE

Auf dem Weg nach Peniche haben wir an der Lagune von Óbidos bei Foz do Arelho gehalten. Dort haben wir aber keinen guten Platz zum Übernachten gefunden und sind dann direkt weiter bis nach Peniche gefahren. Nur knappe 65 Kilometer südlich von Nazaré liegt nämlich schon der nächste Surf-Hotspot Portugals – für Wellenreiter ein absolutes Muss. Peniche gilt als einer der beliebtesten Surfspots Europas und ist jedes Jahr im Herbst ein Austragungsort der Surf-Weltmeisterschaften. Neben dem Surf-Tourismus gibt es hier außerdem noch einen der größten Häfen für traditionelle Fischerei in Portugal.

INFOS ZUM PLATZ

Nach langem Hin und Her haben wir uns für einen Platz im Ortsteil Ferrel, zwischen Praia Baleal-Norte und Praia Baleal-Sul entschieden. Der Platz war nichts Besonderes, ein staubiger Parkplatz, auf dem noch ein paar andere Camper standen. Wir haben uns nicht so wahnsinnig wohlgefühlt, aber für eine Nacht war es okay. Der Vibe in Peniche an sich ist super nett und eigentlich hätten wir gerne mehr Zeit in der Stadt verbracht, aber da wir keinen geeigneten Stellplatz gefunden haben, ging es für uns nach einer Nacht bereits ein kleines Stück weiter.

Bevor wir auf den Platz gefahren sind, hatten wir uns noch einen Spot am Praia da Almagreira (39.377980, -9.313984) angesehen, an dem man auch stehen kann. Für uns war er allerdings nicht so gut geeignet, weil es uns mit den Kindern und den Klippen irgendwie nicht ganz geheuer war. Vermutlich wäre es auch gegangen, wir haben uns dann aber doch dagegen entschieden.

In Peniche gibt es einen recht günstigen städtischen Campingplatz (39.353936, -9.360284). Der Platz ist sehr einfach und nicht besonders schön – man sieht ihn direkt, wenn man nach Peniche reinfährt. Hier stehen etliche Autos auf einem staubigen, riesengroßen Parkplatz. Für uns war das zwar nichts zum Übernachten, aber es ist möglich, das Auto vor dem Platz zu parken und für 0,65 Euro eine heiße Dusche auf dem Campingplatz zu nehmen.

UMGEBUNG

Peniche bietet mehrere schöne Strände, eine tolle Dünenlandschaft und meistens ziemlich gute Wellen. In der Welle ist man allerdings selten allein. Das ganze Jahr tummeln sich etliche Surf-Schulen an den Stränden und man muss sich schon durchsetzen, um im Line-Up etwas abzubekommen. Für Anfänger bietet es allerdings wirklich oft perfekte Bedingungen. Im südlichen Teil von Peniche findet man den Praia dos Supertubos – einen Strandabschnitt, mit seinen in Tubes brechenden Wellen, der als einer der besten Beachbreaks der Welt gilt.

Auf dem Markt (39.360314, -9.380192) bekommt man frisches Obst und Gemüse vom Bauern aus der Umgebung und natürlich fangfrischen Fisch. In der Stadt reiht sich ein Surfladen an den anderen und es gibt einige Outlets, in denen man mit Glück auch mal ein echtes Schnäppchen schießen kann.

Arne wollte sich gerne die Manufaktur von Fatum Surfboards in Atouguia da Baleia, nur wenige Kilometer von Peniche entfernt, anschauen. Fatum ist ein deutsch-portugiesisches Brand, das hochwertige Custom-Made-Surfboards herstellt. Es gibt dort einen kleinen Surfshop und wir durften sogar mit den Kids einen Blick in die heiligen Hallen der Produktion werfen (39.345824, -9.339933).

Von Peniche aus haben wir einen tollen Ausflug mit dem Boot zu den Berlenga Inseln gemacht. Einen ausführlichen Bericht dazu findet ihr im Highlight, anschließend an diese Spotbeschreibung.

HIGHLIGHT: BERLENGA GRANDE

Ein Ausflug auf die Inseln vor Peniche

Schon bevor wir nach Peniche gekommen sind, habe ich in dem Buch Wild Guide Portugal etwas über die Inseln gelesen. Sie liegen etwa zehn Kilometer westlich vor der Küste von Peniche und die größte der drei Inseln, Berlenga Grande, kann besucht und erkundet werden. Die Jungs haben eigentlich immer Lust auf Bootfahren und ein bisschen Abwechslung konnten wir gut gebrauchen. Die Beschreibung der Insel klang wirklich super: atemberaubend und abgeschieden. Da konnten wir nicht widerstehen.

Wir haben uns auf den Weg in den Hafen von Peniche gemacht. Von dort aus starten die Fähren zu den Berlenga Inseln. Auf dem Parkplatz direkt an den Fahrkartenbüros, wo wir unsere Tickets gekauft haben, konnten wir unseren Camper ohne schlechtes Gefühl für ein paar Stunden stehen lassen. Da wir außerhalb der Saison dort waren, gab es nur einen Anbieter, der an diesem Tag eine Fahrt mit dem Schnellboot angeboten hat. Wir haben pro Erwachsener 20 Euro gezahlt, die Kinder jeweils 15 Euro. Man kann im Voraus eine Guided Tour und eine Tour mit einem Glasbodenboot buchen. Beides war in der Nebensaison leider nicht möglich. Auf die Guided Tour kann man glaube ich gut verzichten – es war total schön, die Insel allein zu erkunden. Das mit dem Glasbodenboot wäre allerdings bestimmt nett gewesen. Mit den Booten kommt man zu Höhlen und Grotten, die rund um die Insel liegen. Obwohl das Meer an dem Tag ganz schön rough war, wurde uns gesagt, dass die Fahrt auf die Insel mit kleinen Kindern kein Problem sei. Darauf haben wir uns verlassen und sind voller Vorfreude – vor allem die Jungs – auf das Boot gestiegen. Bis wir den Hafen verlassen haben, war alles in bester Ordnung. Aber leider nur genau so lange, bis wir dann auf dem offenen Meer waren. Der Wellengang war richtig heftig und die Jungs hatten ziemlichen Respekt. Und ich muss gestehen, ganz entspannt war ich auch nicht. Die Fahrt hat circa 20 Minuten gedauert. Man sollte, wenn man den Ausflug mit Kindern plant vielleicht mehr darauf achten, dass die See einigermaßen ruhig ist – damit auch

wirklich alle die Fahrt genießen können. Wir für unseren Teil waren erst mal froh, als wir den kleinen Hafen der Berlenga Grande erreicht hatten und das Boot verlassen konnten. Die Fahrt zu den Inseln ist eigentlich total beeindruckend, denn die Strecke führt vom Hafen entlang an der schroffen Küste vor Peniche.

Um sicherzustellen, dass Feinde die Insel nicht als Ausgangspunkt nutzen, um die portugiesische Küste anzugreifen, wurde dort im 17. Jahrhundert das Fort São João Baptista errichtet. Das Fort kann besichtigt werden und wir haben uns direkt auf den Weg dorthin gemacht. Da man nicht unbegrenzt Zeit hat auf der Insel und sich an die Fährzeiten halten muss, sollte man mit Kindern die Uhr im Blick behalten. Für uns war das gar nicht so einfach. Denn auf der Insel wimmelt es nur so von kleinen Eidechsen. Sie flitzen über die ausgetretenen, zum Teil sehr steilen Pfade und die Jungs mussten häufig stehen bleiben, um sie ausgiebig zu beobachten. Wir sind also eher schleppend vorangekommen. Das war aber nicht weiter schlimm, denn der Blick von der Insel aufs Meer und den Praia do Carreiro do Mosteiro ist wirklich toll und letztendlich haben wir es trotz der Eidechsen noch bis zu der Festung geschafft. Der Weg dorthin ist ein kleines Abenteuer und nichts für schwache Nerven. Es führen ziemlich enge Wege erst hinauf und dann hinunter und man muss an Abhängen entlang über etliche Stufen, bis man die engen gewölbten Brücken des Forts erreicht. Das ist mit Kindern schon machbar – man sollte aber, vor allem bei den Stufen, die total unregelmäßig sind und dem unbefestigten Übergang zur Fort-Brücke, sehr vorsichtig sein. Anton war jedenfalls die meiste Zeit an der Hand.

Emil hatte erst kürzlich das Fotografieren für sich entdeckt und versuchte alles festzuhalten, was ihm vor die Linse kam. Ohne Meckern oder Jammern haben die Kinder den ganzen Weg zurückgelegt. Vor allem war ich verblüfft, wie Anton mit seinen kleinen dünnen Beinchen die vielen Stufen des Forts hochgestapft ist.

Es gibt noch einen Leuchtturm, der auf dem höchsten Punkt der Insel steht. An ihm kommt man vorbei, wenn man vom Hafen in Richtung Fort läuft. Der Farol Duque de Bragança ist aber leider nicht für die Öffentlichkeit zugänglich.

Nach drei Stunden auf der Insel fanden wir uns wieder am Hafen ein und warteten auf unser Boot. Ich hatte erst die Sorge, dass die Jungs gar nicht mehr einsteigen wollen, aber zum Glück war das nicht der Fall. Da weder die Guided Tour, noch die Fahrt mit dem Glasbodenboot möglich war, wurde uns angeboten noch ein kleines Stück mit dem Boot um die Insel zu fahren, bevor es zurück nach Peniche ging. Wir haben noch etwas über das Fort, die

Pflanzen und die Tiere auf der Insel erfahren und konnten einen Felsen sehen, der wie ein Elefant anmutet.

Die Rückfahrt war dann zum Glück etwas entspannter. Zwar nicht, weil das Meer ruhiger war, sondern weil das Schiff Probleme mit dem Motor hatte und es deshalb nur mit halber Geschwindigkeit vorwärtsging. Im ersten Moment hat mich diese Info auch nicht besonders beruhigt, aber im Nachhinein war es ganz gut. Emil hat sich mit Arne während der Fahrt aufs Oberdeck getraut und Anton durfte sogar mal ans Steuer des Schiffes. Wir waren uns also sicher, dass dies nicht der letzte Ausflug für uns mit einem Schiff gewesen sein wird.

LOURINHÃ

Freistehen | Praia do Areal Sul | Zentralportugal

■ GPS: 39.259876, -9.335477
Kosten: 0 €

LAGE

Nachdem wir in Peniche keinen guten Platz zum Freistehen gefunden hatten, sind wir weiter bis nach Lourinhã gefahren. Wir waren auf der Suche nach einem Platz, an dem wir länger stehen konnten. Ich musste für ein Wochenende nach Deutschland fliegen und Arne wollte gerne mit den Jungs in der Zeit an einem guten Spot bleiben. So einen Platz haben wir dann in Lourinhã kurz hinter Peniche gefunden. Wir standen hier insgesamt über eine Woche.

INFOS ZUM PLATZ

Bei dem Stellplatz handelt es sich um den Strandparkplatz vom Praia do Areal Sul. Der Platz ist geschottert und ein bisschen rough, mit einem verlassenen und bemalten Fabrikgelände im Hintergrund. Uns hat das an unsere urbane Heimat erinnert und ganz gut gefallen. Der Strand ist groß, nur ein paar Meter entfernt und perfekt zum Surfen geeignet. Es gibt eine kleine Strandbar mit Toiletten, die man während der Öffnungszeiten nutzen kann. Außerdem endlich mal richtige Stranddruschen – die gibt es in Portugal nämlich eher selten. Ansonsten gibt es keine Serviceleistungen auf dem Platz. An manchen Tagen kam ein netter Bauer, bei dem man frisches Obst und Gemüse einkaufen konnte.

UMGEBUNG

Mit dem Rad kann man über einen Steg bis zum Praia da Areia Branca und in das gleichnamige Dörfchen fahren. Dort gibt es jede Menge Bars, Restaurants und leckeres Eis. 400 Meter ortseinwärts Richtung Areia Branca findet man die Lodge des Surfcamps Drop-In. Die Leute von der Surfschule nutzen den Strand als Homebeach und wir sind schnell mit den Surflehrern ins Gespräch gekommen. Sie haben uns eingeladen, bei ihnen am Haus vorbeizukommen und mit den Jungs die Skatebowl im Garten auszuprobieren.

Lourinhã wird auch die Hauptstadt der Dinosaurier genannt und ist bekannt für mehrere Fossilienfunde und gut erhaltene Spuren von Dinos in einem Steinbruch. Wir haben mit den Jungs den neun Kilometer entfernten Themenpark Dino Parque Lourinhã besucht, in dem sich alles um die Riesenechsen dreht. Die nachgebauten Dinos mal in ihrer echten Größe zu bewundern, hat die beiden schwer beeindruckt. Es gibt mehrere Routen, die man ablaufen kann und zu jedem der ausgestellten Dinos finden sich Infotafeln auf Englisch, Französisch und Portugiesisch.

Der Stellplatz in Lourinhã ist gut geeignet, um Zeit im 17 Kilometer entfernten Peniche zu verbringen. Wir sind das ein oder andere Mal von Lourinhã aus tagsüber nach Peniche gefahren.

ERICEIRA

Campingplatz Ericeira Camping | Zentralportugal

GPS: 38.977913, -9.418527
Kosten: 19 €

LAGE

Nach Nazaré und Peniche durfte natürlich ein Besuch der dritten Surf-Hochburg in Portugal nicht fehlen. Also haben wir selbstverständlich auch einen Stopp in Ericeira gemacht. Ericeira ist eine Kleinstadt an der Atlantikküste und gleichzeitig ein weltbekannter Surfspot, circa 50 Kilometer nördlich von Lissabon.

INFOS ZUM PLATZ

Wir haben uns für den Campingplatz Ericeira Camping entschieden. Zum einen, weil wir schon richtig lange nicht mehr auf einem Campingplatz standen und alle Lust auf eine lange, warme Dusche hatten. Zum anderen, weil der Campingplatz zwischen dem Ortskern und dem Hauptstrand und Surfmekka, dem Praia de Ribeira d'Ilhas, gelegen ist.

An und für sich war der Platz okay, nicht zuletzt weil wir dort zwei nette Familien kennengelernt haben. Es gibt alles, was es auf einem Campingplatz geben muss: gute und saubere Sanitäranlagen,

Entsorgungsstation für Camper und einen kleinen Supermarkt. Es gibt etliche Bungalows, Mobile-Homes und Tipi-Zelte. Ganz am Rand ist ein großer, staubiger Platz, auf dem Camper stehen können. Das hat aber leider überhaupt keinen Charme und erinnert eher an einen Stellplatz auf einer Autobahnraststätte. Zum Glück gibt es hinter dem Platz noch eine kleine Grünfläche mit Bäumen, auf die wir mit unserer großen Kiste gerade so hingepasst haben. Dort war es sehr gemütlich und wir konnten sogar mal wieder unsere Hängematte aufhängen.

UMGEBUNG

In Ericeira haben wir uns relativ schnell verliebt. Das kleine Städtchen hat trotz des ganzen Surf-Tourismus, den man überall spürt, nicht seine ursprüngliche Seele verloren. Eine kleine charmante Altstadt, sehr entspannte Leute, verwinkelte Gassen und wunderschöne Häuser. Ein Streifzug durch Ericeira macht echt Spaß und es gibt unheimlich viel zu entdecken. Das Fischerstädtchen verbindet eine große Tradition mit dem Meer und es ist das erste Gebiet, das von der Organisation Save the Waves als Surf-Schutzgebiet Europas anerkannt wurde. Es gibt tolle Restaurants, kleine, nette Bars, etliche Surfshops und einen ganz hervorragenden Vibe in dieser Stadt.

Nach drei Nächten auf dem Campingplatz haben wir entschieden, dass das jetzt erst mal für uns reicht. Aber von Ericeira wollten wir uns noch nicht so recht trennen. Also sind wir mit einer Familie, die wir auf dem Campingplatz kennengelernt hatten, zum Praia de Ribeira d'Ilhas nördlich von Ericeira gefahren. Neben dem öffentlichen Strandparkplatz, der leider höhenbegrenzt ist, gibt es ein Stoppelfeld, auf dem man stehen kann (38.989597, -9.417034). Der Platz ist etwas abgelegen und zu Fuß ist man eine gute halbe Stunde in den Stadtkern von Ericeira unterwegs.

Am Strand gibt es ein großes, modernes Holzgebäude, in dem mehrere Restaurants, Shops und auch Duschen und Toiletten zu finden sind. Der Praia de Ribeira d'Ilhas liegt direkt an der Mündung des Flüsschens, dem er seinen Namen verdankt. Der Fluss formt ein großes Planschbecken am Strand, das bei Hochwasser mit Meerwasser aus der über den Strand schwappenden Brandung gefüllt wird, bevor er ins Meer mündet. Perfekt für die Kinder, denn sie können dort entspannt planschen. Der Strand ist schön, gilt als einer der besten Surfspots Europas und lockt daher unzählige Surfer an.

LAGOA DE ALBUFEIRA

Freistehen | Sesimbra | Lissabon

GPS: 38.506935, -9.179863
Kosten: 0 €

LAGE

Von Ericeira ging es für uns weiter an eine Lagune nördlich von Sesimbra. Knapp 40 Kilometer südlich von Lissabon, am südlichsten Punkt eines langen Sandstrandes, der in Costa da Caparica beginnt, liegt die Lagoa de Albufeira. Wir haben Lissabon ganz bewusst ausgelassen. Auch wenn es uns gereizt hätte, die Stadt zu besuchen, haben wir uns letztendlich dagegen entschieden. Das holen wir irgendwann nach, wenn die Kinder größer sind. Aktuell haben sie keinen Spaß daran, einen ganzen Tag durch eine Stadt zu marschieren. Und mit unserem großen Auto ist es natürlich auch nicht immer einfach, wenn es keinen wirklich gut gelegenen Stell- oder Campingplatz gibt.

INFOS ZUM PLATZ

Wir sind abends an dem Stellplatz angekommen und haben die erste Nacht direkt an der Lagune verbracht. Auf einem betonierten Parkplatz am Ende der Straße kann man gut über Nacht mit dem Camper stehen. Der Platz liegt zwischen dem Praia da Lagoa de Albufeira und der Lagune, direkt an einem Kite-Spot. Das ist ein klarer Vorteil gegenüber den anderen, schöner gelegenen Plätzen auf der Ecke.

Durch Zufall haben wir am nächsten Tag eine Familie aus Hamburg kennengelernt. Gemeinsam haben wir dann die zweite Nacht an einem anderen Spot am Rande der Lagune verbracht

(38.511916, -9.168344). Der Platz ist auf jeden Fall viel schöner, allerdings nicht ganz einfach zu erreichen. Die Bäume auf dem Weg dorthin sind ziemlich niedrig und mit unserem hohen Auto mussten wir uns ganz schön anstrengen, dorthin zu kommen. Letztendlich haben wir unsere Teleskopleiter ausgefahren und damit versucht, die Bäume ein bisschen wegzudrücken, um durchzukommen. Es hat geklappt und sich auf jeden Fall gelohnt. Man steht total schön unter Bäumen, umgeben von Natur und hat einen tollen Blick auf den Sonnenuntergang hinter der Lagune. Allerdings gib es auch hier keine Serviceleistungen.

UMGEBUNG

Die Lagoa de Albufeira ist ein von Pinien umgebener Strandsee mit stillem, klarem Wasser. Versteckt hinter Dünen, nur ein paar Meter vom Strand entfernt, ist der See perfekt geeignet für Kinder zum Planschen und Schwimmen. Bei guten Bedingungen ist es möglich, auf der Lagune zu kiten. Der Strand Praia da Lagoa de Albufeira hat eine ziemlich starke Brandung und eignet sich super zum Wellenreiten.

Weiter südlich Richtung Sesimbra gibt es noch mehrere tolle Strände. Zum Beispiel den menschenleeren Praia da Baleeira, eine durch Felsen geschützte kleine Bucht mit türkisblauem Wasser. Oder der Praia da Foz, ein bekannter Surfstrand mit guten Bedingungen, umgeben von beeindruckenden Klippen. Die Hafenstadt Sesimbra, mit ihrem reizenden, historischen Stadtkern ist auch nur knapp 15 Kilometer von der Lagune entfernt.

SÃO TEOTÓNIO

Privater Stellplatz Aguas Vivas | Alentejo

GPS: 37.496743, -8.716452
Kosten: 10 €

LAGE

São Teotónio ist eine Küstenstadt im portugiesischen Alentejo. Wir sind auf dem Weg an die Algarve auf diesen Platz gestoßen. Die Möglichkeiten, die Camperversorgung für das Auto zu machen, werden im südlichen Teil Portugals seltener und wir haben in erster Linie einen Platz gesucht, an dem wir Frischwasser bekommen und unser Abwasser loswerden können. Dass wir dabei an so einen besonderen Platz kommen, hatten wir gar nicht erwartet.

INFOS ZUM PLATZ

2018 hat Alwin, ein deutscher Aus-
wanderer, der seit vielen Jahren
mit seiner brasilianischen Frau in
Portugal lebt, einen Wohnmobilstellplatz auf seinem Grundstück
eröffnet. Sobald man die Einfahrt
passiert und das Auto geparkt
hat, wird man von Alwin sehr
herzlich empfangen. Er wohnt auf
dem Grundstück und hat mit viel
Liebe zum Detail einen Stellplatz
für Camper geschaffen. Es gibt ein
kleines Holzhaus, in dem sich eine
Dusche und zwei Toiletten befinden. Außerdem gibt es eine Außendusche, eine Möglichkeit zum
Spülen und sogar eine Waschmaschine. Man kann auf dem Platz
die komplette Camper-Versorgung
erledigen und sich währenddessen ganz wunderbar einem kleinen Schwätzchen mit dem Besitzer hingeben. Wir haben zwar
nicht auf dem Platz übernachtet,
waren dafür aber mehrmals in
unserer Zeit in Portugal dort, um
die guten und sauberen Sanitäranlagen zu benutzen und Service
zu machen.

UMGEBUNG

Der Strand Praia do Carvalhal ist
nur eine knapp 15 Minuten lange
Autofahrt entfernt. Ein schöner,
breiter Sandstrand, der von einer
hohen Steilküste begrenzt wird
und in der Nebensaison meistens
leer ist. Neben dem Strandparkplatz, auf dem man übernachten
kann (37.500308, -8.790689), gibt
es eine nette Bar mit liebevoller
Einrichtung und leckerem Essen.
Auch nach Zambujeira do Mar ist
es nicht weit. Der kleine Ort ist
sehr schön und der Strand dort
ein absoluter Traum. Auch hier
gibt es einen Platz auf den Klippen,
die den Strand umranden, auf
dem man mit dem Camper übernachten kann.

HIGHLIGHT: BURROS E ARTES

Unser Besuch auf dem Eselhof in Aljezur

Die einzigen wirklichen Reiseführer, die wir in den zwölf Monaten unterwegs dabeihatten, waren Bücher aus der Wild Guide bzw. Wild Swimming Reihe. In Frankreich und Spanien waren es die beiden Bücher, in denen die schönsten Badestellen und Schwimmparadiese fernab von überfüllten Stränden beschrieben werden. Und in Portugal der Wild Guide, eine Outdoor-Bibel, die mit tollen Tipps in entlegene Regionen lockt und durch die wir einige schöne Stellen sowohl an der Küste als auch im Inland entdeckt haben.

Und genau in diesem Buch habe ich in unserer Zeit an der Westalgarve von dem Eselhof Burros e Artes gelesen. Ein Hof, der im Hinterland von Aljezur liegt, im sogenannten Tal der Maulbeerbäume, umgeben von Wiesen, mit Blick auf das Monchique-Gebirge. Ein wunderschöner Ort, an dem man mit Eseln in Berührung kommen und Spaziergänge

Und genau wie beim ersten Mal waren wir wieder unfassbar beeindruckt von diesem wunderschönen Fleckchen Erde.

oder Wanderungen mit den Tieren unternehmen kann. Esel haben mich schon immer fasziniert. Diese unaufgeregten Langohren, in deren Nähe die Zeit automatisch langsamer zu vergehen scheint und die immer so völlig unbeeindruckt von der Hektik und Geschäftigkeit um sie herum sind. Unsere Jungs sind ja immer für Ausflüge zu haben, bei denen sie auf Tiere treffen können. Also war schnell klar, dass wir dort gerne hinfahren möchten. Wir haben

uns nicht weiter informiert und sind bei unserem ersten Besuch unangemeldet bei Burros e Artes aufgeschlagen. Zwar war es an dem Tag nicht möglich, spontan einen Spaziergang mit den Eseln zu machen, aber wir wurden dennoch sehr herzlich begrüßt und durften uns ein wenig umschauen. Wir waren etwas enttäuscht, dass wir nicht direkt mit den Eseln losziehen konnten, aber auch absolut sicher, dass wir noch mal wiederkommen werden.

Anschließend haben wir per Mail Kontakt mit der Besitzerin Sofia aufgenommen und einen Termin ausgemacht, zu dem wir dann erneut Richtung Aljezur aufgebrochen sind. Der Hof liegt knapp vier Kilometer nördlich von Aljezur inmitten herrlicher und unberührter Natur. Wir hatten uns mit Sofia, der Betreiberin des Hofes, für einen eineinhalbstündigen Spaziergang verabredet und waren ganz gespannt, was sie uns alles über die Tiere und vor allem über das Leben mit den Tieren erzählen würde. Wir wurden als Familie sehr herzlich begrüßt – von Sofia und ihrer Praktikantin, von zwei ganz lieben Hunden und natürlich von den Eseln. Und genau wie beim ersten Mal waren wir wieder unfassbar beeindruckt von diesem wunderschönen Fleckchen Erde.

Auf 52 Hektar Land lebt Sofia mit ihren Eltern, immer wechselnden freiwilligen Mitarbeitern, den beiden Hunden und aktuell 20 Eseln. Die Tiere scheinen hier ihr Paradies gefunden zu haben. Sie können sich auf dem riesigen Grundstück weitestgehend frei bewegen, haben mehrere Ställe, in denen sie Unterschlupf finden können und viele große Wiesen und Weiden.

Sofia bietet auf ihrem Hof ganz unterschiedliche Touren an. Man kann sich dort die Esel sozusagen ausleihen, um dann gemeinsam mit den Tieren Eselwanderungen über mehrere Tage auf vorgegebenen Routen und mit vorgebuchten Übernachtungsstopps zu unternehmen. Die Tiere dienen dabei nicht zum Reiten, sondern lediglich zur Beförderung des Gepäcks. Und natürlich als Wegbegleiter! Es gibt verschiedene Touren, von zwei bis acht Tagen Länge, die man mit den Tieren unternehmen kann. Am ersten Tag der Tour wird man noch begleitet und bekommt eine ausführliche Einweisung in die Handhabung der Esel. Dann ist man mit den Tieren allein unterwegs. Egal für welche Tour man sich entscheidet, alle führen durch eine beeindruckende Natur. Vorbei an wunderschönen Stränden, meterhohen Steilküsten oder hügeligen Landschaften im Hinterland. Die Unterkünfte zur Übernachtung und Verpflegung sind sorgfältig ausgewählt und man bekommt noch mal einen ganz anderen Blick auf das Land und alles, was es zu bieten hat. Neben den mehrtägigen Touren bietet Sofia auch verschiedene Kurz-touren an. Ob eineinhalb, viereinhalb Stunden oder einen ganzen Tag – das kann man sich im Voraus überlegen und sollte am besten per Mail Kontakt mit dem Eselhof aufnehmen, um einen Termin zu verein-baren. Wir haben uns mit den Kindern für einen eineinhalb stündigen Spaziergang entschieden.

Bevor der Spaziergang losgehen konnte, mussten erst ein paar Vorbereitungen getroffen werden und Sofia hat uns direkt mit einge-spannt. Vor allem für die Kinder war das eine tolle Erfahrung und sie durften tatkräftig mithelfen. Sofia hat uns mit in den Stall genommen und zusammen mit den Jungs ein Körbchen gepackt mit verschiedenen Bürsten und allem, was man sonst noch für die Eselpflege braucht. Ein kleiner Snack für die Langohren wurde selbstverständlich auch noch vorbereitet, bevor wir uns dann auf den Weg gemacht haben, um die Esel zu holen. Ein paar Tiere waren zwar auf der Weide direkt am Haus, aber der Großteil der Esel war irgendwo auf dem Grundstück verteilt.

Also haben wir uns gemeinsam auf die Suche gemacht und erneut einen Einblick bekommen, wie wahnsinnig schön und groß das ganze Anwesen tatsächlich ist. Ihr könnt es euch nicht vorstellen – durch eine tolle, unfassbar grüne und verwilderte Natur hat uns der Weg auf die Wiese, auf der die meisten Esel vermutet wurden, geführt.

Gemeinsam mit Sofia hatten wir zwei kundige Wegbegleiter für unseren Spaziergang ausgesucht und wollten uns gemeinsam mit den Tieren auf den Weg zurück zum Stall machen. Aber wie die Esel nun mal so sind, hatten sie einen anderen Plan. So sind also nicht nur die beiden Auserkorenen, sondern kurzerhand einfach alle Esel mitgekommen und wir sind schlussendlich in einer langen Eselskarawane zurück zum Haus gelaufen. Dort wurde dann erst mal kräftig gestriegelt, gepflegt und gefüttert. Sofia hat uns alles genau gezeigt und auch hier konnten die Jungs wieder super mithelfen. Die beiden hatten Spaß daran und die Angst bzw. der große Respekt vor den Tieren ist schnell verschwunden. Sie haben sich langsam an die Esel herangewagt und schnell gemerkt, was die Langohren mögen und was ihnen nicht so gut gefällt. Sofia hat uns währenddessen viel über die Tiere erzählt und mit großer Geduld alle Fragen der Kinder genau beantwortet. Nachdem die Vorbereitungen und das Pflegeprogramm zu Ende waren, ging unser eigentlicher Spaziergang erst richtig los! Mit drei Eseln, vier Erwachsenen, zwei Kindern und einem Hund haben wir uns auf den Weg gemacht. Wir sind durch eine vielfältige und weitestgehend unberührte Natur gelaufen. An einem kleinen See haben wir eine Rast gemacht, bevor es dann für uns weiter ging, in einem großen Bogen – zwischendurch auch mal querfeldein – zurück bis zum Haus. Die Kinder durften auf den Eseln sitzen, sind aber auch ein gutes Stück zu Fuß gegangen. Wir haben die Zeit und die Ruhe mit Sofia und ihrer Mitarbeiterin total genossen und viel über ihren Hof, dessen Entstehung und die umliegende Natur erfahren.

Der Ausflug zu Sofia und ihren Tieren war für uns alle ein tolles Erlebnis. Die Kinder waren begeistert von den Eseln und der Zeit, die wir mit ihnen verbringen durften. Sofia hat unheimlich viel zu erzählen und man kann eine Menge von ihr über die Langohren, aber auch über die Natur in der Umgebung des Hofes erfahren. Unser heimlicher Traum vom Leben auf dem Land ist nach diesem Tag noch größer geworden.

PRAIA DA BORDEIRA

Freistehen | Carrapateira | Algarve

GPS: 37.192735, -8.902636
Kosten: 0 €

LAGE

Zwischen den Orten Carrapateira und Bordeira, knapp 23 Kilometer nördlich von Sagres liegt der Praia da Bordeira, einer der schönsten und bekanntesten Strände an der Westalgarve.

INFOS ZUM PLATZ

Es ist ein einfacher Strandparkplatz, auf dem eigentlich zu jeder Jahreszeit Camper anzutreffen sind. Man kann unten auf dem Platz stehen oder der kleinen Straße ein Stück weiter auf die Klippen folgen und dort stehen. Mit größeren Autos ist es unten aber einfacher. Es gibt keinerlei Serviceleistungen und wir haben immer mal wieder gehört, dass der Platz hin und wieder von der Polizei geräumt wird. Wir haben dort zwar öfter gestanden, haben aber nie etwas in der Art mitbekommen.

UMGEBUNG

Direkt vom Platz ist es nur ein kurzer Weg zum Strand. Der dünenhafte Praia da Bordeira ist ein weiter Sandstrand mit einer Länge von fast drei Kilometern. Und er ist nicht nur lang, sondern auch richtig breit. Ein kleiner Fluss, der Ribeira da Carrapateira, begrenzt ihn an der Südseite und führt hier direkt ins Meer. Der Atlantik ist an der Stelle vor allem bei Nordwest-Einfluss ganz schön rau, aber durch den kleinen Fluss ist der Strand auch perfekt geeignet für Kinder. An einer kleinen Strandbar kann man Getränke und typische portugiesische Snacks kaufen und der Strand war im Herbst, obwohl er so bekannt und beliebt ist, relativ leer.

PRAIA DO AMADO

Freistehen | Carrapateira | Algarve

GPS: 37.169349, -8.901212
Kosten: 0 €

LAGE

Der Praia do Amado ist definitiv einer unserer absoluten Lieblingsspots. Wir haben hier oft und gerne gestanden. Der zweite Strand in Carrapateira liegt nur ein paar Kilometer südlich vom Praia da Bordeira, an der Küste der Westalgarve. Wenn man aus dem Norden kommt, fährt man am Ende des Ortes Carrapateira rechts auf einer geteerten Straße etwa zwei Kilometer bis zum Strand. Es führt aber auch ein Weg an den Klippen entlang zwischen den beiden Stränden Amado und Bordeira. Der Schotterweg ist selbst mit einem großen Camper gut zu machen und man sollte sich den unglaublichen Ausblick, den man von den vielen Aussichtspunkten auf dem Weg hat, nicht entgehen lassen.

INFOS ZUM PLATZ

Der Strandparkplatz am Praia do Amado ist zweigeteilt und ziemlich groß. Wir haben immer auf dem rechten oberen Teil gestanden. Wenn man Glück hat und einen Platz in der ersten Reihe bekommt, was in der Nebensaison durchaus machbar ist, hat man einen irre schönen Blick über die Klippen aufs Meer. Die wilde Küste, die grünen Hügel, die roten Klippen und fast jeden Abend einen wunderschönen Sonnenuntergang. Wir lieben diesen Platz wirklich sehr. Es ist ein Schotterplatz, der auf dem oberen Teil etwas uneben ist. Auffahrböcke dabei zu haben schadet nicht. Wir haben sie aber auch oft gar nicht ausgepackt und in Kauf genommen, ein bisschen schräg zu stehen. Es gibt keine Serviceleistungen, in der Hauptsaison gibt es allerdings eine öffentliche Toilette, die tagsüber geöffnet ist. Der Weg zum Wasser ist kurz, es gibt eine kleine Strandbar mit wirklich leckerem Essen und mehrere Surf-Schulen. Wir haben im Herbst viel

> Wenn man Glück hat und einen Platz in der ersten Reihe bekommt, was in der Nebensaison durchaus machbar ist, hat man einen irre schönen Blick über die Klippen aufs Meer.

Zeit hier verbracht und im Frühjahr dann noch mal. Der Vibe ist total angenehm, die Leute meistens super nett und es ist eine gute Mischung. Surfer, Senioren, Familien – alles ist dabei und man kommt schnell ins Gespräch. Wir haben unter anderem einige Tage dort mit zwei Ehepaaren verbracht, die unsere Kinder zwischenzeitig schon als ihre Enkelkinder adoptiert hatten – oder auch mit mehreren, unterschiedlichen Familien. Die Kinder haben viel Platz und können sich relativ frei bewegen. Wir haben uns dort immer sehr wohlgefühlt. Und kam in unserer Zeit an der Westalgarve an anderer Stelle kein guter Vibe auf oder suchten wir abends nur schnell einen Platz zum Schlafen – der Praia do Amado war immer unsere erste Wahl.

UMGEBUNG

Der Strand ist nur wenige Meter vom Platz entfernt. Bei Ebbe kann man lange Spaziergänge unternehmen und am Strand entlanglaufen. Für die Kinder ist die Brandung in den meisten Fällen ganz schön heftig, zum Surfen ist sie aber perfekt. Wir haben häufig lange Spaziergänge und richtige kleine Touren mit den Rädern ins Hinterland gemacht. Man kann entweder an den Klippen entlang Richtung Bordeira gehen oder querfeldein, über einen der unzähligen Pfade und Schotterwege, über grüne Hügel und wunderschöne unberührte Natur. Die Jungs lieben es, mit ihren Rädern durchs Gelände zu fahren und waren immer sehr beeindruckt, wenn sie die Mountainbiker, Motorcrossfahrer oder andere Offroader gesehen haben, die hier perfekte Bedingungen vorfinden.

HIGHLIGHT: WESTALGARVE

Die schönsten Ecken rund um Vila do Bispo

Insgesamt drei Monate waren wir an der Westalgarve, der Region rund um die südwestlichste Ecke Europas, zwischen Aljezur an der West- und Lagos an der Südküste. Diese Zeit war für uns alle etwas ganz Besonderes, wir haben uns nämlich von Anfang an in dieses Fleckchen Erde verliebt. Die schroffe Küste, die tollen Strände und die schönen Plätze, an denen man mit dem Camper stehen kann. Wir haben viele neue Bekanntschaften gemacht, mit anderen Reisenden, Locals oder Auswanderern. Wir haben uns an der Westalgarve ganz anders fortbewegt als die restliche Zeit auf der Reise. Obwohl wir so lange auf der Ecke zwischen Carrapateira und Lagos waren, haben wir selten länger als drei Nächte am gleichen Platz verbracht. Wir haben viele verschiedene und wunderschöne Stellplätze gefunden und sind immer hin und her getingelt. Zu der Zeit waren mehrere Freunde und bekannte Gesichter aus der Heimat zu Besuch – sei es zum Urlaub oder zum Arbeiten. Auch dadurch hat sich unser Reisealltag etwas verändert. Und die Wahl des Stellplatzes hing ganz oft davon ab, welcher der vielen Strände den besten Surf für die kommenden Tage zu bieten hatte.

Es scheint wirklich so, als tickten die Uhren an der Westalgarve irgendwie langsamer. Obwohl hier mittlerweile wirklich viele Touristen unterwegs sind, sucht man die großen Hotelburgen und Liegen mit Sonnenschirmen an den Stränden zum Glück vergebens. Es gibt viele ursprüngliche kleine Dörfer, eine wilde tolle Natur und jeden Tag etwas Neues zu entdecken. Unsere Highlights, die unsere Zeit an der Algarve so besonders gemacht haben, habe ich noch mal für euch zusammengefasst.

DIE STRÄNDE

Auf alle sehenswerten Strände der Westalgarve einzugehen, das würde hier definitv den Rahmen sprengen. Eigentlich kann man vom Praia do Amoreira auf der Höhe von Aljezur bis hin zum Meia Praia in Lagos jeden Strand als Traumstrand bezeichnen. Alle sind unterschiedlich, jeder hat andere oder besondere Vorzüge, aber wunderschön sind sie wirklich ausnahmslos alle. Die Strände an der Westküste liegen zum Teil im Naturschutzgebiet des Parque Natural do Sudoeste Alentejano e Costa Vicentina und sind oft nur über holprige und unbefestigte Straßen zu erreichen. Wild, weit, wunderschön und ganz oft perfekt zum Surfen. Die meisten Strände sind umgeben von Felsen und Klippen und bieten unbeschreibliche Ausblicke. Manche sind gut zu Fuß zu erreichen, bei anderen muss man Stufen oder Felsen hinunterklettern, um ans Wasser zu kommen. Man kann an allen Stränden tolle Spaziergänge machen und kleine höhlenartige Öffnungen in den Felsen entdecken. Die Strände an der Westküste haben eine deutlich stärkere Brandung und Strömung als die teilweise geschützten Buchten an der Südküste, die sich für kleinere Kinder eher zum Baden anbieten. Je nach Vorliebe kann man sich jeden Tag aufs Neue entscheiden, welchen Strand man gerne besuchen möchte – langweilig wird es ganz sicher nicht!

PIZZA PAZZA IN PEDRALVA

Wir haben unterwegs selbst noch fleißig Tipps für unsere Zeit an der Algarve gesammelt. Andere Reisende sind immer unsere liebste Quelle, um Empfehlungen abzusahnen – für tolle Stellplätze, schöne Unternehmungen oder gute Restaurants. Ein Tipp ist definitiv bei uns hängen geblieben: Die Pizzeria Pizza Pazza in Pedralva wurde von vielen Algarve-Reisenden erwähnt, die wir getroffen haben. Irgendwann standen wir dann an unserem Lieblingsspot am Praia do Amado, haben dort eine nette Familie aus Mainz kennengelernt und wollten gerne zusammen Pizza essen gehen. Da war relativ schnell klar, dass der so vielfach genannte Geheimtipp Pizza Pazza unsere erste Wahl sein wird.

Die Pizzeria ist in Pedralva, einem kleinen Dörfchen im Bezirk Vila do Bispo. Man erreicht den Ort, in einem der vielen von Bäumen umrahmten Tälern, über eine Abzweigung von der Küstenstraße, die nach Sagres führt. Pedralva war noch vor ein paar Jahren ein 100-Seelen-Nest, das vom Großteil der Bewohner verlassen wurde und nach und nach in sich zerfiel. Bis eine Familie aus Lissabon diesen traumhaften Fleck für sich entdeckte. Die Häuser wurden saniert und originalgetreu wieder aufgebaut. Heute dienen die meisten davon als Ferienhäuser und doch hat der Ort seinen eigentlichen Charme nicht verloren. Durch kleine, enge Kopfsteinpflasterstraßen schlendert man vorbei an hübschen, traditionell portugiesischen Häusern. Vor den meist weißen Häusern mit etwas Farbe an Türen und Fenstern, stehen Pflanzen, Blumentöpfe oder Stühle. Alles wirkt ruhig und gemütlich.

Am Rande des Dorfes auf einem Schotterplatz kann man gut parken (37.140409, -8.861099). Von dort ist es nur ein kurzer Weg zu Fuß – vorbei an einer Ansammlung von Briefkästen der umliegenden Höfe und dem zweiten Restaurant des Dorfes, erreicht man die Pizzeria in wenigen Minuten. Auf einer schönen Terrasse kann man mit einem tollen Blick auf das Tal eine wirklich sehr leckere Pizza genießen. Es gibt eine gute Auswahl an Pizzen und Variationen – auch glutenfrei oder mit Vollkornteig. Dünner Teig, gut belegt und moderate Preise. Die Atmosphäre ist nett, das Publikum ziemlich jung und auch Kinder sind willkommen. In den Sommermonaten sollte man unbedingt reservieren. Wie wir gehört haben, ist der kleine Laden dann schnell ziemlich voll.

MARKTHALLE IN VILA DO BISPO

Auch zu Hause kaufen wir am liebsten regional und frisch auf Wochenmärkten ein. Das war auf der Reise natürlich nicht anders. Im Gegenteil, in den südlichen Ländern macht der Einkauf auf dem Markt oft noch mehr Spaß. Am besten hat es uns auf dem Markt in Vila do Bispo gefallen. Wir haben jede Gelegenheit genutzt, um dort einzukaufen. Die kleine Markthalle liegt am nördlichen Rand des Dorfes, auf dem Weg zu den Stränden Castelejo und Cordoama. Es gibt ein paar Gemüsestände (auch Biogemüse) und einen Fischstand. Die Betreiber der Gemüsestände sind sehr nett und das meiste Obst und Gemüse kommt aus der Region, teilweise sogar aus ihrem eigenen Garten. Neben der Markthalle gibt es in dem Gebäude noch einen guten Bäcker, einen Fleischer und einen kleinen, aber gut sortierten Lebensmittelladen.

LAUNDRY LOUNGE IN SAGRES

Warum nicht das Schöne mit dem Nötigen verbinden? Das dachten sich auch die Gründer der Laundry Lounge und haben in Sagres ein Café geschaffen, in dem man Wäsche waschen, aber gleichzeitig auch eine gute Zeit haben kann. Wer hat schon Lust, in einem kargen Waschsalon oder an einer der SB-Waschmaschinen seine Zeit abzusitzen, wenn man sie doch in einer viel angenehmeren Atmosphäre verbringen könnte? Bei leckeren Getränken, gutem Essen und gleichzeitig noch der Möglichkeit, mit anderen Reisenden oder Locals in Kontakt zu kommen. Wie oft habe ich in kargen Waschsalons gesessen und mich gefragt, was ich Sinnvolles mit meiner Zeit anfangen könnte, während ich auf die Wäsche wartete. In den meis-ten dieser Salons gibt es zumindest kostenloses W-Lan, aber das macht die karge Atmosphäre und die unbequemen Plastikstühle, auf denen man sitzt, leider auch nicht besser. Ich habe mich also sehr gefreut, als wir durch Zufall in unserer Zeit an der Westalgarve auf die Laundry Lounge gestoßen sind. Die Laundry Lounge ist liebevoll und gemütlich eingerichtet, die Karte zwar klein, dafür aber abwechslungsreich und die Gerichte sind wahnsinnig lecker. In der Hauptsaison von Mai bis Oktober gibt es zweimal am Tag Yoga auf der Dachterrasse, mit tollem Blick über Sagres.

Das ganze Konzept ist absolut stimmig – definitiv ein Ort zum Wohlfühlen!

THREE LITTLE BIRDS IN SAGRES

Ein Restaurant, in dem wir uns gleich wohl gefühlt haben, war das Three Little Birds in Sagres. Zwei der drei Inhaber kommen aus Hamburg und das merkt man sofort an dem einen oder anderen Teil der Inneneinrichtung. Wir haben uns zumindest sehr gefreut, die bunten Stadtteilposter von Hamburg an den Wänden zu entdecken. Auf der Karte stehen Burger, Tacos, Nachos, Enchiladas und Salate. Aber nicht in den klassischen Versionen, sondern in ausgefallenen und besonderen Varianten. Das Essen ist lecker, super frisch und die Gerichte sind kreativ. Dazu gibt es eine gute Auswahl an unterschiedlichen Craft-Bieren und Drinks aller Art. Die Inneneinrichtung ist total gemütlich und es gibt auch eine schöne Terrasse, auf der man sitzen kann. Am Super Sunny Sunday gibt es Live-Musik-Events von Songwritern oder Akustik-Künstlern und in unregelmäßigen Abständen werden Konzerte veranstaltet, bei denen die Tische einer Tanzfläche weichen müssen.

VILA DO BISPO

Freistehen | Algarve

GPS: 37.091167, -8.930762
Kosten: 0 €

LAGE

Einen schönen Platz zum Stehen – ausnahmsweise nicht direkt am Wasser – haben wir in Vila do Bispo gefunden. Wenn man durch den kleinen Ort fährt und nach der Markthalle rechts abbiegt, kommt man zu den Stränden Praia da Cordoama und Praia do Castelejo. Ungefähr auf halber Strecke, mitten in der Natur und unter Pinienbäumen mit einem tollen Rundumblick auf die Täler der Westalgarve, liegt dieser Platz. Vila do Bispo befindet sich acht Kilometer nördlich von Sagres an der Kreuzung der westlichen und südlichen Küstenstraße der Algarve.

INFOS ZUM PLATZ

Auf den Hügeln hinter dem Örtchen Vila do Bispo, etwas versteckt unter Pinien, haben wir sehr
häufig übernachtet. Den Platz haben wir wirklich lieb gewonnen. Er
ist mitten in der Natur, ruhig und
einer unserer Lieblingsplätze auf
der Ecke. Gegenüber ist ein kleiner
Platz, an dem auch hin und wieder Camper stehen. Dort gibt es
auch einen Spielplatz und Mülltonnen, aber sonst keinerlei Ser-
viceeinrichtungen.

UMGEBUNG

Der kleine Ort Vila do Bispo ist nur
zwei Kilometer entfernt. Den Weg
kann man gut mit dem Fahrrad
machen, um zum Beispiel einen
kleinen Einkauf in der Markthalle
zu erledigen. Die beiden Strände
Cordoama und Castelejo sind ebenfalls knapp zwei Kilometer entfernt.

PRAIA DO TELHEIRO

Freistehen | Sagres | Algarve

GPS: 37.046623, -8.976769
Kosten: 0 €

LAGE

Zum Praia do Telheiro kommt man am einfachsten über den Ort Sagres. Auf dem Weg zum Leuchtturm am Cabo de São Vicente biegt man rechts auf einen unbefestigten Weg ab. Die Straße ist etwas holprig, aber auch mit großen Autos zu schaffen. Man fährt ein Stück die Schotterstraße entlang und kommt dann zu einem etwas abschüssigen Parkplatz an der Steilküste.

INFOS ZUM PLATZ

Der Schotterplatz ist zum Stehen total okay. Wir haben hier ein paar ruhige Nächte verbracht. Der Ausblick ist ein Traum und meist muss man sich den Platz nicht mit vielen anderen Campern teilen. Touristen verirren sich selten an diesen Platz. Die Klippen sind ein kleines Stück entfernt, die Kinder können sich auf dem Platz an sich gefahrlos bewegen. Es gibt keinerlei Serviceleistungen, aber Mülltonnen.

UMGEBUNG

Um an den Strand zu kommen, muss man einem kleinen ausgetretenen Pfad folgen. Man sollte nicht zu viel Gepäck für den Strandbesuch dabeihaben. Zwischendurch muss man nämlich auch ganz schön klettern. Unsere Jungs lieben solche Wege. Auch kleinere Kinder sollten den Abstieg zum Strand mit ein wenig Hilfe schaffen. Der abenteuerliche Weg macht sich bezahlt, sobald man den Strand erreicht. Menschenleer, wunderbar ruhig und das inmitten beeindruckender Natur. Ein verlassener Sandstrand, von Klippen umgeben. Das Wasser ist schön und die Wellen an guten Tagen surfbar. Tatsächlich ist es ein kleiner Geheimtipp, wenn es darum geht, dem teilweise kalten Nordwestwind zu entgehen. Von der nördlichen Eingrenzung der Bucht durch hohe Felswände, hat man an frischeren, windigen Tagen die Chance, die Sonne im Windschatten zu genießen.

HIGHLIGHT: DELFINTOUR IN SAGRES

Ein Ausflug mit dem Katamaran von SeaXplorer

Während der gesamten Zeit, die wir am Atlantik unterwegs waren, haben sich die Kinder gewünscht, einmal Delfine in freier Wildbahn sehen zu können. Wir waren zwar immer mal an Spots, von denen aus man angeblich Delfine vor der Küste sehen kann, aber so richtig Glück hatten wir nie. Eine Familie, die wir unterwegs getroffen hatten, erzählte uns von einer Bootstour, die sie an der Algarve unternommen haben. Wir sind sofort hellhörig geworden und haben uns vorgenommen, auch so eine Tour zu machen, wenn sich die Gelegenheit dazu bietet. Entscheidend war dabei aber, einen Anbieter zu finden, der nicht nur daran interessiert ist, möglichst viele Touristen aufs Meer zu bringen, sondern jemanden, der auf Nachhaltigkeit setzt und dem die Meeressäuger wichtig sind.

In Sagres gibt es den Anbieter SeaXplorer Sagres, der seit 2014 Delfin-Touren mit einem Katamaran anbietet. Martina und Carlos, die beiden Gründer, verbindet die Leidenschaft für den Ozean und die Tierwelt. Die Natur, das Meer und dessen Bewohner sind ihnen wichtig und sie arbeiten eng mit Meeresforschern zusammen. Jede ihrer Touren wird von einem Meeresbiologen begleitet. Das Angebot und der nette Kontakt mit Martina am Telefon hat uns direkt überzeugt. Nach unserer letzten Erfahrung mit dem Boot auf dem rauen Atlantik war es uns wichtig einen Tag auszuwählen, an dem das Meer einigermaßen ruhig ist. Damit diesmal auch wirklich alle die Bootsfahrt genießen können. Solche touristischen Dinge haben wir wirklich selten gemacht, aber ich finde ab und zu darf das schon mal sein. Klar müssen wir immer ein bisschen auf die Kosten achten und können nicht alle paar Tage solche Attraktionen mit den Kindern unternehmen. Die Fahrt hat uns insgesamt 120 Euro gekostet. Das ist nicht wenig, aber das war es uns wert.

Wir sind mit unserem Camper in den Hafen von Sagres gefahren und konnten dort ohne Probleme parken. Vorab haben wir von

Martina eine kleine Einführung bekommen. In den Gewässern der Algarve findet man eine große Vielfalt an Meeressäugetieren und es war total interessant zu erfahren, auf welche wir womöglich

Und dann auf dem offenen Meer, als links und rechts keine Küste mehr zu sehen war, waren sie da: die Delfine. Echt verrückt, aber der Moment war irgendwie magisch.

treffen könnten. Die Sichtungsrate von SeaXplorer liegt bei 90 Prozent. Die Wahrscheinlichkeit, wirklich Delfine zu sehen, ist also relativ hoch. Trotzdem kann es passieren, dass man so einen Trip macht und kein Glück hat. Es sind eben freilebende Tiere, die sich in ihrem natürlichen Lebensraum befinden. Martina ist in ihrem Bericht auch darauf eingegangen, wie schrecklich es ist, Delfine oder andere Tiere aus dem Meer in Gefangenschaft zu halten. Sie hat uns noch einmal ins Bewusstsein gerufen, was für eine Qual es für die Tiere ist und wie sehr sie darunter leiden. Für uns war bis zu dem Zeitpunkt ohnehin klar, was

wir von den Touristenattraktionen rund um eingesperrte Delfine halten. Man merkt Martina und ihrem Team wirklich an, wie sehr sie das Meer und die Tiere darin lieben. Mit viel Engagement und Herzblut versuchen sie, die Tierwelt zu schützen und leisten wichtige Aufklärungsarbeit.

Bevor es losging wurden wir mit Schwimmwesten und Windjacken für die Kinder ausgestattet. Der Katamaran hat Platz für etwa 20 Personen und wir haben uns mit den Kindern für einen Platz in der Mitte des Bootes entschieden. Die Fahrt führte aus dem Hafen von Sagres, entlang der faszinierenden Küste der Costa Vicentina. Die weitgehend unberührte und wilde Landschaft vom Wasser aus zu sehen – das allein war schon sehr beeindruckend. Und dann auf dem offenen Meer, als links und rechts keine Küste mehr zu sehen war, waren sie da: die Delfine. Echt verrückt, aber der Moment war irgendwie magisch. Die Tiere sind so faszinierend. Und sie dann in freier Wildbahn zu erleben, wie sie in kleinen Gruppen durch den Atlantik tauchen, war echt richtig schön. Wir sind eine ganz Weile neben der Gruppe hergefahren, mal schneller und dann wieder langsamer. Ganz dem Tempo der Tiere angepasst. Wenn man langsamer fährt, ist es kein Problem sich frei auf dem Boot zu bewegen. Wir saßen später mit den Jungs am Heck und konnten die Delfine von dort aus gut beobachten.

Die Meeresbiologin, die mit an Bord war, erklärte uns dann, dass sie einen Funkspruch und GPS Daten von einem anderen Boot erhalten hatte. Die verschiedenen Anbieter solcher Touren arbeiten auf dem Wasser nämlich häufig zusammen. Wenn irgendwo Tiere entdeckt werden, bekommen die anderen die Info per Funk. Ganz nah an der Küste, direkt an den Muschelbänken, die man von einem unserer Lieblingsstrände aus sehen kann, wurde eine Gruppe Delfine gesichtet. Wir mussten also schnell sein, um sie noch anzutreffen. Aber auch da hatten wir großes Glück. Wir konnten eine Gruppe der Großen Tümmler sehen, das ist die bekannteste Art der Delfine, wie wir vorher gelernt hatten. Wir alle waren völlig begeistert und uns wurde bewusst, wie wichtig es für die Entwicklung unserer Kinder war, diese schützenswerten Tiere mit eigenen Augen in ihrem natürlichen Lebensraum zu sehen. Und ein paar Tage später hatten wir am Praia do Zavial tatsächlich noch mal die Möglichkeit, Delfine zu beobachten, wie sie in ihrem Jagdrevier rund um die Muschelbänke unterwegs waren.

PRAIA DO BELICHE

Freistehen | Sagres | Algarve

■ GPS: 37.026672, -8.963055
Kosten: 0 €

LAGE

Der Praia do Beliche befindet sich etwas außerhalb von Sagres. Ziemlich genau auf halber Strecke zwischen Sagres und dem Leuchtturm am Cabo de São Vicente, dem südwestlichsten Punkt des europäischen Festlands. Der Parkplatz liegt direkt zwischen Straße und Steilküste zum Strand und ist meistens ziemlich stark frequentiert.

INFOS ZUM PLATZ

Man muss vorab sagen: Der Platz gehört nicht zu den besten Übernachtungsplätzen an der Westalgarve. Es ist ein staubiger Strandparkplatz oberhalb vom Praia do Beliche, direkt an der Straße. Das Stehen mit dem Camper ist offiziell nicht erlaubt und, so unser Eindruck, bei den Locals nicht besonders gern gesehen. Dafür ist der Parkplatz allerdings nachts ziemlich voll und auch wir haben ab und an dort übernachtet. Zum Beispiel wenn der Forecast gute Surfbedingungen prophezeite und Arne direkt morgens aufs Wasser wollte. Es gibt keinerlei Serviceleistungen. Auf der gegenüberliegenden Straßenseite ist ein Restaurant, in dem man einen Kaffee trinken und die Toilette benutzen kann. Die Kinder können sich auf dem Platz nicht gut frei bewegen. Auf der einen Seite ist die Straße, auf der anderen die Klippen. Wir haben hier manchmal gestanden, wenn wir den ganzen Tag am Strand waren und erst abends zum Sonnenuntergang zurück zum Auto sind. Dafür war es okay.

UMGEBUNG

Zwei Kilometer vom Ortskern von Sagres entfernt, liegt der Traumstrand Praia do Beliche. Einen Platz, den ihr unbedingt sehen solltet – auch wenn ihr den Parkplatz nicht zum Übernachten nutzen möchtet. Der Blick ist sowohl von unten am Strand als auch von den Klippen oben richtig toll. Man muss ein paar steile Treppenstufen bewältigen, um an den Strand zu kommen. Also wenn möglich, nicht zu viel Gepäck für den Strandbesuch einplanen, die Stufen haben es echt in sich. Aber der Weg lohnt sich. Der Strand ist eingebettet in die hohe Steilküste und dadurch in der Regel windgeschützt. Bei Surfern und Bodyboardern ist er sehr beliebt und das Line-Up meistens ziemlich voll. Aber die Bedingungen sind hier eben auch häufig sehr gut.

Der Leuchtturm Farol do Cabo de São Vicente ist von Beliche aus gut mit dem Rad zu erreichen. Der 24 Meter hohe Turm soll angeblich das stärkste Leuchtfeuer in ganz Europa haben. Es gab Zeiten, da standen die Europäer an diesem Fleck und wussten nicht, was bzw. ob überhaupt irgendwas hinter dem weiten Meer liegt. Mittlerweile weiß man es. Die letzten Unwissenden werden es spätestens durch die kleine Würstchen-bude, in der es die letzte Bratwurst vor Amerika gibt, erfahren.

SALEMA

Campingplatz Salema Eco Camp | Algarve

■ GPS: 37.075266, -8.831295
Kosten: 17 €

LAGE

Wir haben leider in Portugal nicht so viele richtig schöne Campingplätze entdeckt. Die meisten sind durchaus gut ausgestattet. Aber selten findet man einen direkt am Wasser. Manche sind ein bisschen lieblos und kahl und befinden sich eher im Ortskern oder weit abseits. Der Campingplatz in Salema an der Westalgarve ist daher echt etwas Besonderes.

Der Platz liegt am Ortseingang von Salema, einem kleinen Fischerdörfchen, dass zu der Gemeinde Vila do Bispo gehört.

INFOS ZUM PLATZ

Auf dem Campingplatz in Salema sind sowohl Zelte, Wohnwagen als auch Wohnmobile willkommen. Mit einem Camper über 7,5 m ist die Zufahrt nicht ganz so einfach, aber auf jeden Fall machbar. Es gibt Campingbereiche für Autos und Zelte, mit weitläufigen und zum Teil schattigen Plätzen. Man kann sich einen Platz frei aussuchen, parzellierte Stellplätze sucht man hier also vergebens. Außerdem gibt es kleine Apartments für 2-6 Personen, Mobile Homes und schöne Tipi-Zelte, eingebettet in die tolle Natur. Das Gesamtkonzept des Salema Eco Camps ist rundum toll. Es gibt zum Beispiel mehrere Wasserstellen, an denen man gefiltertes Trinkwasser abfüllen kann, die Sonnenenergie wird zur Erwärmung des Wassers für die Sanitärgebäude genutzt und bei allem, was der Platz bietet, wird darauf geachtet, die Auswirkungen auf die Umwelt so gering wie möglich zu halten. Es gibt einen gut sortierten Eco-Store, in dem man sowohl nachhaltige und biologische Lebensmittel als auch Kosmetika, Reinigungsprodukte, Kleidung und Accessoires rund ums Camping und Surfen kaufen kann.

> Das Gesamtkonzept des Salema Eco Camps ist rundum toll. Bei allem, was der Platz bietet, wird darauf geachtet, die Auswirkungen auf die Umwelt so gering wie möglich zu halten.

UMGEBUNG

Der Praia da Salema ist zwar nicht direkt am Campingplatz, aber zu Fuß in knapp 15 Minuten zu erreichen. Und der Strand kann sich durchaus sehen lassen - laut einer Liste britischer Zeitungen gehört er sogar zu den 50 schönsten Stränden der Welt. Er zieht sich über die ganze Länge des kleinen Dorfes und ist umrandet von Felsen. Im Sommer ist der Strand überwacht und sicherlich auch gut besucht, von Oktober bis Mai ist dort aber nicht viel los. Man kann die alten Fischerboote beobachten, in der oft seichten Brandung schwimmen oder sich auf die Suche nach den Fußabdrücken der Dinosaurier machen, die an vielen Stellen in den Felsen zu finden sind.

PRAIA DA INGRINA

Freistehen | Raposeira | Westalgarve

GPS: 37.045492, -8.881462
Kosten: 0 €

LAGE

Der Praia da Ingrina liegt an der Südküste, fünf Kilometer südlich von Raposeira. Er liegt zwischen dem Praia do Barranco und einem unserer Lieblingsstrände an der Algarve, dem Praia do Zavial.

INFOS ZUM PLATZ

Direkt am Strand gibt es ein paar Plätze, auf denen man stehen kann, allerdings eher für kleinere Autos. Wir sind ein paar Meter einen kleinen Weg rechts vom Strand entlanggefahren und haben dann dort mit einigen anderen Campern gestanden – auf rotem Felsboden, mit tollem Blick aufs Wasser und wilder Natur um uns herum. Es gibt mehrere Möglichkeiten dort zu stehen, alles ein bisschen versetzt, rough und irgendwie ganz schön. Wir haben hier zwei Tage mit einer netten Familie aus Kiel verbracht, die wir zufällig am Strand kennengelernt haben.

UMGEBUNG

Vom Platz aus kann man tolle Spaziergänge starten. Immer an den Klippen entlang, entweder bis zum Praia do Barranco oder in die andere Richtung zum Praia do Zavial.

Die kleine Bucht am Praia da Ingrina selbst ist sehr schön und teilweise windgeschützt. Die Kinder können hier gut planschen oder auf den Felsen am Rand des Strandes spielen. Es gibt eine kleine, ganz gemütliche Bar, direkt am Strand.

LUZ

Campingplatz Turiscampo | Algarve

GPS: 37.101100, -8.732276
Kosten: 25 €

LAGE

Der Campingplatz Turiscampo Algarve liegt an der Südküste der Algarve zwischen Luz und Lagos. Wir sind schon ein paar Mal an ihm vorbeigefahren, da er direkt an der N125 liegt, die von Vila do Bispo bis nach Faro führt. Bis zu dem Zeitpunkt hatten wir keinen Bedarf auf einem Campingplatz zu stehen. Die Wettervorhersagen waren aber für ein paar Tage im Februar echt vernichtend und so haben wir uns entschieden dort einzuchecken. Der Platz hat nämlich ein beheiztes Hallenbad, einen gut sortierten Campingshop und eine direkt Busanbindung nach Lagos.

INFOS ZUM PLATZ

Eigentlich ist der Platz nicht so besonders schön gelegen – die Zufahrt ist direkt an der N125, einer ziemlich viel befahrenen Straße. Von der bekommt man aber zum Glück nicht viel mit, da der Platz jenseits der Straße liegt. Mit über 200 Stellplätzen und richtig vielen kleinen Mietunterkünften in verschiedenen Kategorien ist der Platz ziemlich groß. Es war im Februar auch überraschenderweise sehr voll, aber wir haben noch ein freies Plätzchen bekommen. Es gibt drei große, saubere Sanitäranlagen mit Familienduschen und ein großes, beheiztes Hallenbad – der eigentliche Grund für unseren Besuch auf diesem Campingplatz. Das Wetter war echt schlecht und bei Regen im Hallenbad abzuhängen war eine ganz gute Idee. Wir haben auf diesem Platz wieder mehrere nette Familien kennengelernt. Die Jungs konnten, wenn es mal nicht geregnet hat, gut Fahrrad fahren und mit den anderen Kids spielen. Nach zwei Tagen mit Schietwetter verabschiedeten wir uns wieder von dort.

UMGEBUNG

Vom Campingplatz nach Lagos sind es nur knapp sieben Kilometer und direkt vor der Einfahrt zum Platz gibt es eine Bushaltestelle. An der Rezeption kann man die Fahrzeiten erfragen und wir haben die Chance genutzt, nicht mit unserer großen Kiste in die Stadt fahren zu müssen, sondern bequem mit dem Bus. Das Wetter war eigentlich durchgehend schlecht und nachdem wir viel Zeit im Hallenbad verbracht hatten, wollten wir auch mal was anderes sehen als unseren Camper von innen oder das Schwimmbad. Wir haben uns gut eingepackt und sind mit dem Bus nach Lagos gefahren. Ich hatte vorher etwas über ein kleines Wissenschaftsmuseum für Kinder gelesen, das ganz spannend klang. Das Centro Ciência Viva de Lagos (37.103911, -8.673205) war für die Kinder echt schön. Es gab viel zu entdecken, zu erforschen und einen tollen großen Spielplatz, auf dem wir es trotz Dauerregen richtig lange ausgehalten haben.

LAGOA DE ALVOR

Freistehen | Alvor | Algarve

GPS: 37.132282, -8.611869
Kosten: 0 €

LAGE

Zwischen Lagos und Portimão an der Lagoa de Alvor gibt es einen der sehr wenigen funktionierenden Flachwasserspots zum Kiten in der Region rund um Lagos. Das Örtchen an sich liegt direkt am Meer und ist ein Fischer- bzw. Urlaubsort. Wir haben uns erst zwei Plätze direkt in Alvor angesehen, die uns aber nicht gut gefallen haben. Zum Glück hatten wir noch eine Empfehlung für einen alternativen Platz mit direktem Zugang zur Lagune.

INFOS ZUM PLATZ

Zu dem Schotterplatz kommt man über eine ziemlich lange, unbefestigte Straße. Der Weg ist holprig, aber auch mit einem großen Auto machbar. Am Ende des Weges befindet sich der Platz direkt an der Lagune. Es gibt keine Serviceleistungen. Wir standen dort mit zwei anderen Autos.

UMGEBUNG

Man steht direkt am Ria de Alvor, unweit des geschützten Sumpfgebietes des gleichnamigen Naturreservats. Der Blick ist total schön und man ist ziemlich weit ab vom Schuss. Wenn man Glück hat, kann man von dort aus Flamingos sehen. An den Platz kommen viele Vogelliebhaber, Angler oder Muschelsucher. Die Kinder konnten mit ihren Rädern auf dem kleinen Damm fahren, der die Lagune in zwei Teile trennt. Wir haben dort mal wieder mit herumliegendem Holz Flöße gebaut und ausprobiert, ob sie in dem flachen Wasser der Lagune schwimmen können.

TAVIRA

Freistehen | Algarve

■ GPS: 37.119312, -7.621111
Kosten: 0 €

LAGE

Nach mehr als zwei wirklich tollen Monaten haben wir uns so langsam von der Algarve verabschiedet und uns auf den Weg, die Südküste entlang, Richtung Spanien gemacht. Von einer guten Freundin haben wir den Tipp bekommen, einen Zwischenstopp in Tavira einzulegen. Die kleine Küstenstadt liegt östlich von Faro am Fluss Gilão. Umgeben von Salinen, in denen neben vielen anderen Vogelarten unter anderem auch Flamingos zu finden sind. Wir haben den Tag dort verbracht und dann ganz in der Nähe einen Platz zum Übernachten gefunden.

INFOS ZUM PLATZ

Der Platz liegt etwas außerhalb der Stadt direkt an der Lagune am Praia do Arraial. Wir haben den Platz nur zum Übernachten benutzt, sind abends hier angekommen und morgens direkt weitergefahren. Es gibt keine Serviceleistungen und Anfang November standen ein paar wenige andere Camper mit uns dort. Der Platz ist eben und man hat einen ganz schönen Blick aufs Wasser.

UMGEBUNG

Um die Stadt zu erkunden haben wir unseren Camper direkt am Fluss geparkt (37.129183, -7.652664) und sind dann von dort zu Fuß ein bisschen durch das kleine Städtchen geschlendert. Eigentlich hatten wir geplant mit den Kindern die Camera Obscura im Wasserturm von Tavira zu besuchen. Leider haben wir uns vorher nicht ausreichend informiert und eine Besichtigung war aufgrund von Bauarbeiten zu dieser Zeit nicht möglich. Nach der kurzen Enttäuschung ging es für uns dann aber schnell weiter und wir haben eine tolle Burgruine entdeckt, von deren Mauer man einen schönen Blick über die Stadt hat. Die Ruine ist umgeben von einem ganz zauberhaften, gepflegten Park. Der Fluss Gilão schlängelt sich durch die Stadt und an der Uferpromenade kann man toll spazieren gehen. Wir haben Eis gegessen, den Straßenmusikern gelauscht und sind durch die kleinen, engen Gassen gelaufen.

Vom Stellplatz sind wir am nächsten Morgen recht früh gestartet, um einen Ausflug zum Praia do Barril zu machen. Der Strand ist in der Mitte der Ilha de Tavira, einer schmalen Landzunge, an der ein ewig langer Sandstrand entlangführt. Wir haben geparkt (37.092680, -7.676512) und sind dann den einen Kilometer langen Weg zum Strand mit einer kleinen Schmalspurbahn gefahren. Die Bahnfahrt war für die Kinder ein großer Spaß und kostet pro Strecke 1,80 Euro. Man kann den Weg auch zu Fuß gehen, Hunde sind in dem kleinen, offenen Zug zum Beispiel nicht erlaubt. Direkt am Strand gibt es einen beeindruckenden Anker-Friedhof – knapp einhundert Schiffsanker wurden hier sorgfältig aufgereiht und können bestaunt werden. Wir haben einen langen Spaziergang gemacht, Muscheln gesammelt und einfach mal das gute Wetter genossen. Es gibt ein kleines Restaurant, öffentliche Toiletten und ein paar kleine Souvenirläden. Wir hatten einen richtig schönen, sonnigen und lustigen Tag. Im Sommer ist es hier bestimmt ziemlich voll, aber in der Nebensaison ein absoluter Traum.

MAROKKO

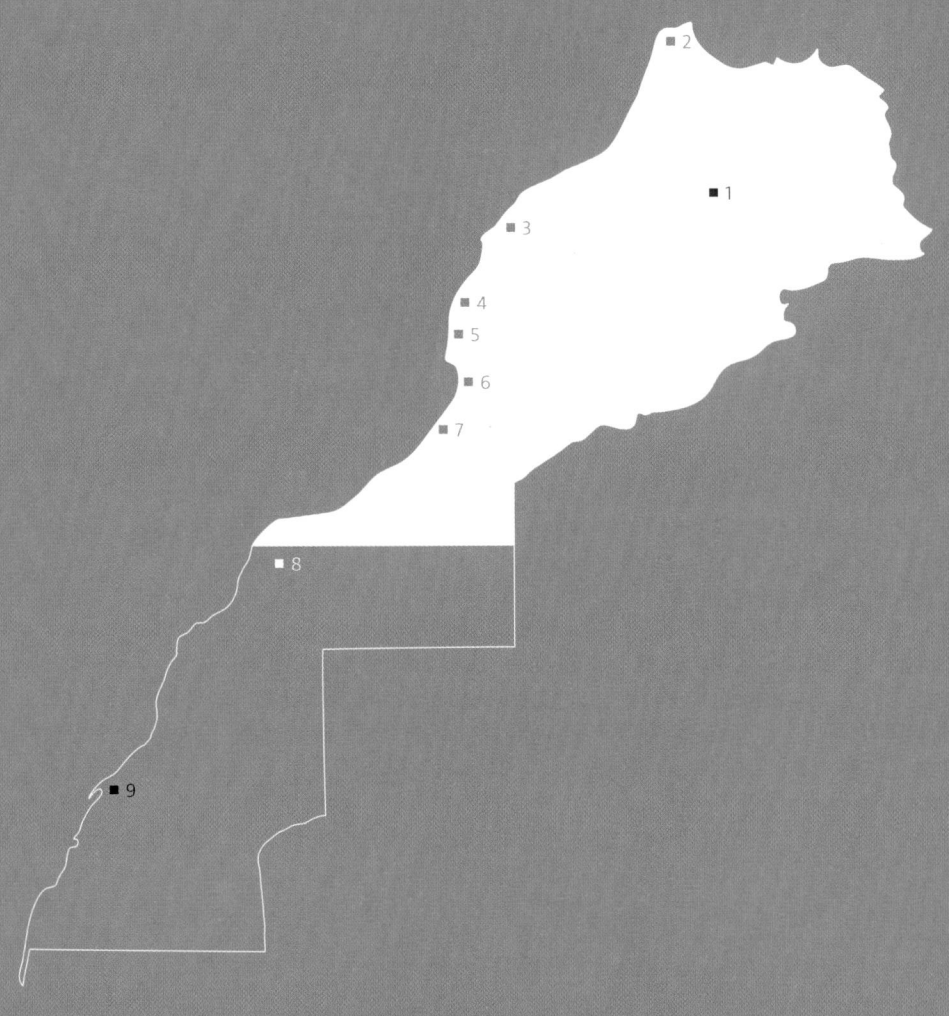

Die Idee, von Spanien aus mit der Fähre nach Marokko überzusetzen, hatten wir seit Beginn unserer Reise. Wir konnten aber vorab nicht einschätzen, wie schnell oder langsam wir reisen werden, und ob wir uns überhaupt genug Zeit für Nordafrika nehmen können, damit es sich lohnt. Als wir dann im November Portugal verlassen haben, um Richtung Tarifa aufzubrechen, war schon abzusehen, dass mindestens noch ein Monat Marokko in unsere Reisezeit passen würde. Wir hatten alle Lust auf ein Abenteuer, auf die Fährfahrt nach Afrika und auf die Zeit auf einem anderen Kontinent. Und vor allem hatten wir Lust auf besseres Wetter. An der Südküste Spaniens war es zwar, was die Temperaturen angeht aushaltbar, aber es wurde schon kühler und zeitweise regnete es echt viel.

In Tarifa haben wir dann – immer mit dem Blick auf die Nordküste Afrikas – eine nette Familie kennengelernt, die gerade aus Marokko zurückgekommen war. Wir haben uns viel ausgetauscht und ihre Geschichten haben unsere Lust auf das Abenteuer Marokko nur noch größer gemacht. Außerdem standen – ebenfalls in Tarifa – noch ein paar andere Camper bei uns, die vorhatten Weihnachten in Dakhla in der Westsahara zu verbringen. Das war auch unser Plan und es war schön schon zu wissen, dass man mitten in der Wüste ein paar bekannte Gesichter treffen würde.

Wir haben die Entscheidung, nach Marokko zu fahren, nie bereut – im Gegenteil: Wir würden es jeder Zeit wieder machen. Unsere ganze Reise war ein Abenteuer, aber die Zeit in Afrika besonders. Klar ist es anders, dort mit dem Camper unterwegs zu sein, aber hin und wieder gehört es eben dazu, seine Komfortzone zu verlassen und etwas Neues auszuprobieren.

HIGHLIGHT: MAROKKO

Tipps für einen Trip in den Nordwesten Afrikas

Knapp sechs Wochen waren wir insgesamt in Marokko, fast 5.000 gefahrene Kilometer. Einmal in die Westsahara und wieder zurück. Wir hatten eine wirklich tolle Zeit und sind dankbar und froh, dass wir den Abstecher raus aus Europa gemacht haben. Zuvor hatten wir uns Zeit genommen, um uns über Land und Leute und die besonderen Gepflogenheiten zu informieren.

EINREISE

Für die Einreise nach Marokko benötigt ihr einen Reisepass, der ab dem Einreisetag noch mindestens sechs Monate gültig sein muss. Da Arne und ich so schlau waren und gar keinen Reisepass, sondern lediglich unsere Personalausweise, dabei hatten und wir dann auch noch feststellten, dass der Kinderreisepass von Emil nicht mehr lange genug gültig war, mussten wir uns erst mal im Deutschen Konsulat in Malaga neue Reisepässe besorgen. Etwas nervig, aber weitaus unkomplizierter als gedacht. Es war ja unsere eigene Schuld und zum Glück mit Termin innerhalb von zwei Tagen erledigt.

Zusätzlich zu den Pässen ist die grüne Versicherungskarte für das Auto ein Muss. Wichtig ist hierbei, dass Marokko nicht im Versicherungsschutz ausgenommen ist, es darf also auf der Karte nicht durchgestrichen sein. Auch hier waren wir leider nicht besonders gut vorbereitet und haben auf dem Weg nach Malaga festgestellt, dass das bei uns nicht der Fall ist. Nach mehreren durchaus nervigen Telefonaten mit unserer Versicherung, haben wir eine neue Versicherungskarte inklusive Marokko ausgestellt und per Mail zugeschickt bekommen.

Ein Visum ist für die Einreise nach Marokko nicht nötig. Man kann als Europäer das Land für einen Zeitraum von drei Monaten ohne Visum besuchen, das Auto darf sogar sechs Monate bleiben. Natürlich kann man auch auf offiziellem Weg vorab ein Visum für einen längeren Zeitraum beantragen.

Unser Fährticket haben wir bei Carlos in Algeciras gekauft (36.179332, -5.441202). Ich weiß zwar nicht genau, wie es dieses kleine Reisebüro in Algeciras zu so großer Bekanntheit geschafft hat, aber gefühlt kannte jeder, den wir unterwegs getroffen haben und der die Fähre von Algeciras genommen hat, die kleine Bude im Industriegebiet der Hafenstadt. Carlos betreibt das Reisebüro schon seit vielen Jahren – mittlerweile machen die eigentliche Arbeit seine beiden Töchter – er ist aber immer noch vor Ort und kümmert sich rührend um die herzliche Begrüßung seiner Kunden. Wir waren keine zwei Minuten in dem kleinen Büro, da hatten die Kinder schon jede Menge Gummibärchen und Weihnachtsschokolade in den Taschen und wir einen alkoholfreien Pfirsichlikör in Schnapsgläsern in der Hand. Wir haben 250 Euro für ein offenes Ticket (Hin- und Rückfahrt) für vier Personen und den Camper bezahlt. Ob der Preis besonders gut oder schlecht war, kann ich nicht wirklich einschätzen, da wir nicht viel verglichen haben. Unkompliziert war es aber in jedem Fall. Der Ticketkauf hat keine zehn Minuten gedauert und schon haben wir das Büro von Carlos und seinen Töchtern auch wieder verlassen. Mit allen nötigen Unterlagen, Einreisepapieren für den Camper, einer Flasche Wein und Keksen als Geschenk.

Die Überfahrt von Algeciras war entspannt. Wir waren eine halbe Stunde vor Abfahrt am Hafen und sind mehr oder weniger direkt auf die Fähre gefahren. An Bord gibt es dann eine Passkontrolle und man bekommt einen Stempel in seinen Reisepass – also unbedingt die Pässe und Fahrzeugpapiere mit an Bord nehmen und nicht im Auto liegen lassen. Die Fahrt dauert mit Trasmediterránea circa eineinhalb Stunden. Wir haben vom Deck aus eine große Gruppe Delfine gesehen, die eine ganze Weile neben der Fähre hergeschwommen ist – das war gleich ein guter Start für unseren Trip nach Afrika.

In Tanger Med ging dann auch alles recht schnell und unkompliziert weiter. Passkontrolle, Zollkontrolle, ein Beamter kam kurz zu uns ins Auto und hat sich umgesehen, war aber ganz schnell wieder draußen. Man bekommt eine vorübergehende Einfuhrgenehmigung für das Auto – sehr wichtig! – unbedingt gut verwahren, die braucht man nämlich wieder, um das Auto aus dem Land auszuführen. Es macht Sinn, die Zoll- und Einfuhrbestimmungen vor der Überfahrt zu checken. Dass Drohnen nicht eingeführt werden dürfen, wussten wir, aber auch zum Beispiel Sprechfunkgeräte jeder Art sind nicht erlaubt. Für die Jungs hatten wir welche dabei, die haben wir zuvor bei Freunden in Tarifa gelassen.

WETTER UND KLIMA

Wir haben Marokko im Dezember und Januar besucht. Unser Plan war es, dem trüben Wetter und der stressigen Weihnachtszeit zu entgehen. Im Norden Marokkos herrscht mediterranes Klima, ähnlich wie im Süden Spaniens. Aber umso weiter südlich man kommt, umso wärmer wird es. Wir hatten an Heiligabend in Dakhla in der Westsahara 28° Grad, die Kinder waren ohne Neoprenanzug baden und wir haben abends gegrillt. Unser Plan ging also voll auf.

EINKAUFEN

In Marokko wird mit dem marokkanischen Dirham bezahlt. Für einen Euro bekommt man ungefähr 10,94 MAD. Wir haben vorab kein Geld gewechselt, sondern an einem Geldautomaten kurz nach der Ankunft in Tanger Med Geld geholt. Man kann an den meisten Automaten maximal 2.000 MAD pro Tag abheben. Kartenzahlung ist im Norden Marokkos kein Problem, im Süden wird es dann aber eher schwierig. Ein paar Münzen sollte man auch immer in der Hosentasche haben, um Parkwächter oder ähnliches bezahlen zu können.

Fleisch, Fisch und Gemüse kauft man am besten auf dem marokkanischen Markt, dem sogenannten Souk. Die meisten Souks sind ziemlich turbulent, bunt und einzigartig – auf jeden Fall ein Erlebnis, teilweise aber auch nichts für schwache Nerven. Obst und Gemüse sind sehr günstig. Man bekommt große Plastikschalen, in die man alles packen kann, was man kaufen möchte. Am Ende wird alles abgewogen und bar bezahlt. Wir haben unser Fleisch immer auf dem Souk gekauft. Hier sollte man sich allerdings im Klaren darüber sein, dass man ziemlich direkt mit dem konfrontiert wird, was man letztendlich essen möchte. Für die Kinder eine gute Erfahrung mal richtig wahrzunehmen, dass das Fleisch nicht aus dem Supermarkt kommt, sondern von echten Tieren.

Das Handeln gehört in Marokko natürlich dazu. Außer für Lebensmittel sollte man bei allem, was man sonst kaufen kann, versuchen zu feilschen. Ich hatte den Eindruck, die Marokkaner sind fast ein bisschen eingeschnappt, wenn man sich nicht darauf einlässt. In der Regel gilt, erst wenn du bei der Hälfte des Erstangebots des Verkäufers angelangt bist, solltest du kaufen. Damit sind wir eigentlich ganz gut klargekommen. Natürlich muss man sich erst mal daran gewöhnen und am Anfang ist es uns nicht ganz so leicht gefallen.

Im Norden gibt es oft ganz normale Supermärkte, wie man sie aus Europa kennt. In kleineren Orten gibt es meist nur kleine, vollgestopfte Kioske, in denen man an der Theke bedient wird. Hier empfiehlt es sich genau zu wissen, was man haben möchte und die Begriffe in französischer Sprache parat zu haben. Wir haben den Tipp bekommen, immer auf geschlossene Verpackungen zu achten, bevor man die Sachen in den Camper räumt, damit man sich keine kleinen Krabbeltiere in die Vorratsschränke holt. Die Preise in den Supermärkten sind okay. Es gibt ein paar Dinge, die wirklich teuer sind, wie zum Beispiel Käse oder Schinken. Für uns als Parmesanliebhaber ein Grund sich den Kühlschrank in Europa noch mal richtig vollzuknallen. An vielen Stellen gibt es gar keine oder eine nur sehr kleine Auswahl an Milchprodukten. Das marokkanische Fladenbrot gibt es eigentlich an jeder Ecke. Es ist sehr günstig und super lecker.

Alkohol ist in ganz Marokko nur schwer zu bekommen. Manchmal gibt es in den Supermärkten kleine extra Shops, um Alkohol zu kaufen, aber auch das ist teuer und eher selten. Wasser für den Camper haben wir meist auf Campingplätzen, auf denen wir auch übernachtet haben, aufgefüllt. Das haben wir allerdings nur zum Spülen und Waschen benutzt. Zum Zähne putzen haben wir, zumindest den Kindern, gekauftes Wasser in ihre Becher gefüllt. Es lohnt sich einen Trichter dabei zu haben, um das Wasser aus den Fünf- oder Acht-Liter-Kanistern, die man überall bekommt, in Flaschen abzufüllen

EINHEIMISCHE

Wir haben in Marokko nur gute Erfahrungen gemacht. Überall wurden wir nett und herzlich begrüßt. Die Marokkaner sind hilfsbereit, neugierig und offen. Trotzdem muss man sich im Klaren darüber sein, dass die Menschen dort teilweise nicht viel haben und wir Europäer mit unseren Campern als sehr wohlhabend erscheinen. Daher passiert es nicht selten, dass man gefragt wird, ob man irgendetwas abgeben kann. Kinderkleidung, Kugelschreiber, Schokolade – meistens freuen sich die Fragenden über Kleinigkeiten und sind wahnsinnig dankbar. Die Menschen in Marokko sind nicht unbedingt distanziert. Sobald man mit dem Camper irgendwo anhält, kommt jemand und versucht, einem etwas zu erzählen oder zu verkaufen. Das mag manchmal anstrengend und nervig sein, aber in der Regel kommt man mit einem klaren ‚Nein, danke' schnell aus der Situation raus. Und an manchen Stellen ist es auch total nett. Als wir nach einer langen Fahrt zum Beispiel am frühen Abend in Oualidia auf einem Stellplatz angekommen sind, kam Asil auf seinem schwarzen Moped, kaum dass wir geparkt hatten, an unser Auto. Er bot uns an, eine frisch gekochte Tajine von seiner Frau zu unserem Auto zu bringen. Dieses Angebot haben wir dankend angenommen und uns zwei Stunden später über ein leckeres Abendessen gefreut – geliefert bis zur Campertür.

MAROKKO MIT KINDERN

Unsere Kinder haben sich in Marokko definitiv wohlgefühlt. Die beiden Blondschöpfe sind natürlich überall gut angekommen. Die Marokkaner sind nicht unbedingt kontaktscheu, die Jungs wurden öfters mal umarmt, gestreichelt und manchmal sogar geküsst. Auf dem Souk gab es immer kleine Geschenke, meist Obst oder Kekse. Wenn wir Kinder gesehen haben, die gebettelt oder am Straßenrand etwas verkauft haben, dann wollten unsere beiden immer ganz genau wissen, was es damit auf sich hat und warum das so ist. Einmal, als ein Junge uns auf einem Parkplatz angesprochen und uns nach Stiften gefragt hat, habe ich ihm ein paar Holzstifte geschenkt und gar nicht mitbekommen, dass Emil im Hintergrund in seiner Spielzeugkiste wühlte. Er hat dem Jungen dann noch eines seiner kleinen Autos geschenkt, weil er sich sicher war, dass dieser sich darüber bestimmt sehr lange freuen wird.

POLIZEIKONTROLLEN

Die Polizei ist in Marokko auf den Straßen sehr präsent. Vor allem auf unserer Fahrt in den Süden haben wir etliche Polizeikontrollen passiert. Manchmal wird man nicht angehalten und einfach durchgewunken. Aber an vielen Stellen mussten wir kurz halten und unsere Pässe vorzeigen. Von einem älteren Ehepaar auf der Fähre haben wir den Tipp bekommen einen Vordruck für eine Fiche auszudrucken, mit unseren Daten zu füllen und sie anschließend 20 Mal zu kopieren. Die Fiche ist ein Dokument, in dem man seine wichtigsten persönlichen Daten und die des Fahrzeugs eintragen kann. Der Tipp war Gold wert. So kann man an den Kontrollen viel Zeit sparen und muss nicht warten, bis die Polizisten die nötigen Daten aufgenommen haben. Wichtig dabei ist immer noch anzugeben, von wo man kommt und wo man hinmöchte. Einen Vordruck für eine Fiche findet ihr im Netz. Vor jeder Polizeikontrolle gibt es ein Schild, das auf die Kontrolle hinweist. Dann kommt meistens noch ein zweites Schild, bei dem man unbedingt anhalten und kurz warten sollte, bis die Polizisten einem ein Zeichen geben weiterzufahren. Einfach zu fahren, ohne auf ein Zeichen der Polizei zu warten, kommt selten gut an und kann auch mal eine saftige Strafzahlung nach sich ziehen.

STRASSEN UND VERKEHR

Das Wichtigste vorab: die Straßen in Marokko sind deutlich besser, als wir es erwartet hatten. Gerade von dem letzten Stück in die Westsahara hatten wir gelesen, dass es in einem katastrophalen Zustand sei. Das ist aber gar nicht mehr so. Die Marokkaner haben in den vergangenen Jahren viel in neue Straßen investiert und die letzten 600 Kilometer nach Dakhla sind wir auf einer komplett neu geteerten Straße gefahren. In der Regel sind Straßen, die größere Städte miteinander verbinden, in einem guten Zustand. Kleinere Straßen, zum Beispiel die Straße nach Sidi Ifni oder Sidi Wassay, sind dagegen über weitere Strecken ziemlich ausgefranst und haben zum Teil tiefe Schlaglöcher. Wir sind ohne Ersatzreifen mit unserem Camper nach Marokko gefahren. Das hat gut geklappt, würden wir so aber wahrscheinlich nicht noch einmal machen. Die Fahrbahnen sind zwar zum Großteil gut, aber wenn uns auf einer kleineren Straße der Gegenverkehr dazu gezwungen hat, die Straße zu verlassen, haben wir immer ganz schön geschwitzt.

Aber: Der Verkehr in Marokko ist nicht so schlimm, wie man sich das vielleicht vorstellen mag. Man muss sich einfach drauf einstellen, dass sich nicht nur Autos, sondern auch Fahrräder, Eselskarren, Fußgänger und Schafherden auf den Straßen befinden, dann ist das alles kein Problem. Wir haben es vermieden, im Dunkeln zu fahren, da die Straßen an vielen Stellen nicht beleuchtet und zusätzlich viele Fahrzeuge kaum oder gar nicht beleuchtet sind. Wundert euch nicht, wenn ihr beim Fahren angehupt werdet! Meistens ist das nur ein Hinweis, dass euer Hintermann zum Überholen ansetzt. Grundsätzlich hat das Hupen in Marokko nichts mit dem oft aggressiven Hupen in Deutschland zu tun – oft dient es nur dafür, sich zu bedanken, oder als Hinweis. Die Autobahnen sind mautpflichtig und das System funktioniert ähnlich wie in Frankreich – nur natürlich deutlich günstiger. An manchen Stellen zieht man ein Ticket, an anderer Stelle bezahlt man dann die angefallene Gebühr. Die Autobahnen sind in einem sehr guten Zustand und es gibt moderne Raststätten. Wir nutzten eigentlich ausschließlich Google-Maps als Navi, aber das funktionierte in Marokko leider nur eingeschränkt. Wir haben vorab etwas recherchiert und uns die App Here WeGo aufs Handy geladen. Here WeGo ist eine Offline-Navigationsapp, einfach zu bedienen und sehr übersichtlich. Damit sind wir gut zurechtgekommen und haben unser angepeiltes Ziel immer erreicht.

STELLPLÄTZE

Wir haben in unserer Zeit in Marokko hauptsächlich auf Campingplätzen oder ausgewiesenen Stellplätzen übernachtet. Meistens haben wir diese über die APP park4night gefunden. Die Campingplätze sind oft sehr einfach und spartanisch ausgestattet, aber völlig ausreichend. Wir haben meist zwischen fünf und fünfzehn Euro pro Nacht gezahlt. Die sanitären Anlagen sind oft älter und nicht unbedingt schick. Freistehen ist offiziell nicht erlaubt, wird aber an vielen Stellen geduldet. An einem Platz wurden wir von der Polizei aufgefordert wegzufahren, aber nicht weil wir dort nicht stehen durften, sondern weil sie der Meinung waren, es wäre nachts zu gefährlich und kein guter Platz für Touristen.

SICHERHEIT

Wir haben uns in Marokko nie unwohl gefühlt und hatten keine Situation, die uns auch nur im Ansatz gefährlich erschien. Die Marokkaner betreiben einen großen Aufwand, dass Touristen sich sicher fühlen. Polizei und Militär sind sehr präsent, auch in den dünn besiedelten Gebieten.

ASILAH

Campingplatz Assada | Tanger-Tétouan-Al Hoceïma

■ GPS: 35.471634, -6.028459
Kosten: 60 MAD

LAGE

Die Einreise in Marokko über Tanger Med war für uns total unproblematisch. Alles hat geklappt, ist relativ zügig abgelaufen und wir haben uns keine 30 Minuten, nachdem wir in Nordafrika angelegt hatten, auf den Weg zu unserem ersten Stopp gemacht. Wir hatten uns einen Campingplatz in Asilah, 85 Kilometer vom Fähranleger entfernt, ausgesucht.

Von vielen anderen Reisenden haben wir den Tipp bekommen, dass Asilah ein guter Ort ist, um in Marokko zu starten. Man kann sich kurz akklimatisieren, eine Internet-Karte besorgen und auch zum ersten Mal einen kleinen Souk besuchen. Die Stadt an der nördlichen Atlantikküste Marokkos eignet sich tatsächlich sehr gut zum Ankommen.

INFOS ZUM PLATZ

Der Campingplatz ist ein einfacher, marokkanischer Platz, wie wir ihn in den nächsten Wochen noch öfter sehen sollten. Da wir nicht so hohe Ansprüche haben, war das für uns völlig okay. An der Straße liegen zwei Campingplätze direkt nebeneinander. Warum wir uns jetzt für diesen und gegen den anderen entschieden haben, kann ich nicht mehr genau sagen. Wir wurden auf jeden Fall sehr nett empfangen und bekamen vom Betreiber den Tipp, wo wir marokkanische Gasflaschen bekommen können. Der Platz liegt am nördlichen Rand der Stadt, die Medina ist aber zu Fuß gut zu erreichen.

UMGEBUNG

Bevor wir auf den Platz fuhren, haben wir noch eine marokkanische SIM-Karte bei Maroc Telekom besorgt (35.470164, -6.029378). Nachdem wir auf dem Campingplatz eingecheckt hatten, sind wir eine Runde durch die Medina und an den Strand gelaufen. Man merkt sofort, das Leben findet hier definitiv auf der Straße statt. Überall herrscht buntes Treiben in den engen Gassen und man bekommt direkt einen Eindruck davon, was einen in den nächsten Wochen noch erwarten wird. Wir waren total glücklich, aber auch k. o. von den ganzen Eindrücken des Tages. Asilah war für uns der perfekte Einstieg in fast zwei Monate Marokko.

OUALIDIA

Stellplatz Camping Car de Oualidia | Casablanca-Settat

■ GPS: 32.732248, -9.044073
Kosten: 30 MAD

LAGE

Von Asilah sind wir ein relativ langes Stück bis ins knapp 500 Kilometer entfernte Oualidia, im Süden der Provinz Sidi Bennour, gefahren. Oualidia ist ein hübscher Badeort und hat nicht nur einen sehr langen Sand-strand. Beeindruckend ist auch die malerische Lagune, die mitten durch die Stadt führt.

INFOS ZUM PLATZ

Der Wohnmobilstellplatz befindet sich im unteren Teil des Fischerortes, direkt zwischen Strand und Lagune. Es ist ein betonierter, bewachter Parkplatz, auf dem man gegen eine geringe Gebühr von nicht mal drei Euro für 24 Stunden stehen kann. Auch hier wurden wir wieder sehr nett und herzlich empfangen. Der Parkplatz ist sauber und es gibt eine kleine Entsorgungsstation für Camper.

UMGEBUNG

Oualidia ist ein Paradies für alle, die gern Fisch und Meeresfrüchte essen. Die besten Austern Marokkos kommen angeblich von dort. Eigentlich hatten wir an dem Tag auch vor, in einem Restaurant essen zu gehen. Aber kaum nachdem wir geparkt hatten, kam ein netter Marokkaner mit seinem Motorroller an unseren Camper. Er hat uns auf sehr gutem Deutsch angeboten, dass seine Frau für uns eine Tajine kochen und er sie uns bringen würde. So sind wir völlig unverhofft zu unserem ersten typisch marokkanischen Essen gekommen.

ESSAOUIRA

Campingplatz Esprit Nature | Marrakesch-Safi

GPS: 31.552767, -9.626178
Kosten: 210 MAD

LAGE

Für uns ging es von Oualidia weiter Richtung Süden bis ins 190 Kilometer entfernte Essaouira. Essaouira ist eine Hafenstadt, westlich von Marrakesch. Der Campingplatz liegt 15 Kilometer vor Essaouira. Man verlässt die R207 und folgt einer unbefestigten Straße, die mitten in die Natur führt.

INFOS ZUM PLATZ

Die letzten dreieinhalb Kilometer auf der Schotterstraße kann man, dank ziemlich heftiger Bodenwellen, nur in Schrittgeschwindigkeit zurücklegen. Wir waren uns zwischendurch nicht ganz sicher, ob der Weg sich lohnt und ob er überhaupt irgendwo hinführt. Aber Camping Esprit Nature ist ein ganz besonderer Platz und liegt mitten in der Natur. Mit viel Engagement wurde hier ein liebevoll gestaltetes Naturcamp angelegt, das uns echt schwer beeindruckt hat. Der Platz ist sehr sauber und gepflegt, die Sanitäranlagen sind groß und sehr gut in Schuss. Es gibt einen kleinen, aber besonders schönen Pool und einen kreativen Naturspielplatz. Eigentlich schon fast eher ein kleiner Kletterpark mit verschieden Parcours aus Baumstämmen, Ästen und Seilen für unterschiedliche Altersgruppen. Noch dazu gibt es Schaukeln, mehrere Baumhäuser und einen kleinen Minigolfplatz. Die Kinder waren begeistert und auch wir haben uns über den freundlichen Empfang sehr gefreut. Der Platz ist im Vergleich zu anderen Plätzen in Marokko teuer, liegt aber auch deutlich über dem normalen Standard.

UMGEBUNG

Bevor wir zum Übernachten auf den Campingplatz gefahren sind, haben wir einen Ausflug nach Essaouira gemacht und dort den Tag verbracht. Wir haben uns einen Parkplatz in der Nähe der Medina gesucht (31.511586, -9.764950, 50 MAD für 24 Stunden) und unser Auto abgestellt. Durch eines der vielen Tore der alten Befestigungsmauer kommt man direkt in die Medina. Kleine Gassen voller Farben, Gerüche und nicht zuletzt vieler Menschen erwarteten uns hier. Wir sind ewig durch die verwinkelten Straßen, die zwischendurch an ein kleines Labyrinth erinnern, gestreift. Für die Kinder war es total spannend, es gab irre viel zu entdecken. Wir haben uns vor einem Restaurant in die Sonne gesetzt, lecker gegessen und uns anschließend noch den Hafen angeschaut. Auf dem Weg zurück zum Auto haben wir unsere ersten Erfahrungen mit dem marokkanischen Feilschen gemacht und für vermutlich viel zu viel Geld auf dem Souk Gewürze gekauft.

In Essaouira gibt es einen relativ gut sortierten Carrefour-Supermarkt nach europäischem Standard. Wir haben uns dort noch mal mit ein paar Dingen eingedeckt, von denen wir wussten, dass wir sie weiter südlich nur noch schwer bekommen würden. Vor allem Käse und in einem separaten Laden ein paar Flaschen Wein standen auf dem Einkaufszettel. Außerdem hatten wir noch ein paar Wünsche von Freunden aufgenommen, die bereits weiter unten in der Westsahara auf uns warteten.

SIDI KAOUKI

Campingplatz Sidi Kaouki Beach | Marrakesch-Safi

GPS: 31.350386, -9.794899
Kosten: 80 MAD

LAGE

Nächster Stopp: Sidi Kaouki. Von Essaouira in den kleinen Surferort sind es nur 25 Kilometer. Wir sind nach einem Einkauf im Carrefour-Supermarkt in Essaouira zu dem Campingplatz Sidi Kaouki Beach aufgebrochen. Die Fahrt führt an der Küste entlang und es lohnt sich, unterwegs die Augen offen zu halten. Wir haben etliche Esel, die ersten großen Dromedarherden und viele Ziegen, die in den marokkanischen Arganbäumen sitzen, entdeckt

INFOS ZUM PLATZ

Der Campingplatz liegt direkt am fünf Kilometer langen Sandstrand von Sidi Kaouki. Auch hier gibt es wieder zwei Plätze direkt nebeneinander. Die Wahl ist uns nicht schwergefallen, denn der andere Campingplatz war ein einfacher Schotterplatz mit Ruinen und hat nicht besonders einladend gewirkt. Auf dem Platz unserer Wahl wurden wir nett empfangen. Der Platz ist sauber und gut gepflegt. Ab und zu kommen Händler vorbei und verkaufen Brot, Gemüse oder Fisch. Es gibt einen kleinen Pool und die Sanitäranlagen sind okay. Wir haben dort ein Pärchen getroffen, neben denen wir schon in Oualidia standen und wurden später noch von ihnen zu einem leckeren Sundowner-Getränk eingeladen.

UMGEBUNG

Wir haben das Auto am Campingplatz abgestellt und erst mal einen Spaziergang ans Meer gemacht. Der Strand ist, abgesehen von dem vielen Müll, schön und außer ein paar Dromedaren und ihren Besitzern haben wir unterwegs kaum jemanden getroffen. In der Nähe des Platzes ist das Sidi Kaouki Beach Hostel. Dort gibt es im Erdgeschoss einen kleinen Surfbrett-Verleih, ein nettes Café mit Dachterrasse und perfektem Blick über den Strand.

TAGHAZOUT

Freistehen | Souss-Massa

GPS: 30.546993, -9.718224
Kosten: 25 MAD

LAGE

Nach Sidi Kaouki ging es für uns knapp 140 Kilometer weiter in das ehemalige Fischerdörfchen Taghazout. Früher war der Ort nördlich von Agadir für seine Calamari und Hippies bekannt. Mittlerweile kennt man ihn eher als Surfer-Hotspot in Marokko.

INFOS ZUM PLATZ

Kurz hinter dem Ortskern, vorbei an zwei kleineren Stränden, liegt der Platz, den wir uns zum Übernachten ausgesucht hatten. Es ist ein bewachter Parkplatz und wir haben 20 MAD bezahlt. Mit uns standen noch ein paar andere Autos dort. Der Platz ist direkt am Wasser und man hat einen traumhaften Blick aufs Meer. Wir haben die Surfer beobachtet und vom Auto aus beim Abendessen den Sonnenuntergang bewundert. Auf dem Platz gibt es keine Serviceleistungen.

UMGEBUNG

Das Örtchen Taghazout erreicht man von dem Platz aus in knapp fünf Minuten zu Fuß. Wir haben unser Auto auf dem Parkplatz stehen lassen und sind in den Ort gelaufen. Der Ort ist klein, gemütlich und bunt. Überall liegen Katzen faul in der Sonne und es scheint hier alles etwas langsamer und gemächlicher zuzugehen. Wir sind durch die kleinen Gassen geschlendert, haben die vielen bunten Fischerboote am Strand bewundert und den ein oder anderen Surfshop besucht. An der Hauptstraße gibt es eine Menge Restaurants, die alle ganz gut aussahen.

SIDI IFNI

Campingplatz Gran Canaria | Guelmim-Oued Noun

GPS: 29.383885, –10.171511
Kosten:60 MAD

LAGE

Vorbei an Agadir und Tiznit ging es für uns weiter auf dem Weg in die Westsahara nach Sidi Ifni.

Sidi Ifni ist eine kleine, ruhige Küstenstadt, die auch das Tor zur Sahara genannt wird. Tatsächlich wurde die Vegetation um uns herum karger und gab uns einen Vorgeschmack auf die kahle Wüstenlandschaft, die uns auf unserem Weg nach Dakhla begegnen würde.

Sidi Ifni ist eine kleine, ruhige Küstenstadt, die auch das Tor zur Sahara genannt wird.

INFOS ZUM PLATZ

Der Campingplatz ist recht unspektakulär: ein großer, staubiger Parkplatz ohne Schatten. Es gibt auch hier mehrere Alternativen direkt nebeneinander. Wir haben uns aufgrund der Kommentare in park4night für diesen Platz entschieden. Letztendlich ist es aber ziemlich egal, glaube ich. Die Plätze sehen alle sehr ähnlich aus.

UMGEBUNG

Vom Platz aus ist man in wenigen Schritten am Meer. Außerdem kann man über ein paar Treppenstufen leicht in den Stadtkern gelangen. Wir haben die Gegend erkundet und einen kleinen Spaziergang gemacht. Ijas, ein älterer Marokkaner, hat uns auf der Straße angesprochen und sich gefreut, Leute aus Deutschland zu treffen. Wir haben uns unterhalten und schnell kam raus, dass er selbst einige Jahre in Hamburg gelebt hat. Er hat bei Hagenbecks Tierpark als Dromedar-Pfleger gearbeitet. Ijas hat uns zum Tee eingeladen und erzählt, dass er mittlerweile wieder als Berber zusammen mit 88 Familien in der Westsahara lebt. 47 Tage lang ist er zusammen mit über 50 Dromedaren in den Norden nach Sidi Ifni zu Fuß gelaufen, um dort einen Teil der Tiere auf einem Markt zu verkaufen. Die Kinder und wir haben seinen Geschichten gespannt gelauscht und es war toll, hautnah so viel über das Land und die Menschen zu erfahren.

DAOURA

Campingplatz Le Camp Bédouin, Westsahara

GPS: 27.461834, -13.051691
Kosten: 85 MAD

LAGE

Von Sidi Ifni bis nach Dakhla sind es knapp 1.000 Kilometer. Es war also klar, dass wir das nicht ohne noch mindestens einen Zwischenstopp schaffen würden. Im Süden Marokkos gibt es deutlich weniger Campingplätze und wir mussten uns vorab auf ein Etappenziel festlegen. Über park4night haben wir das Beduinencamp in der Nähe von Daoura gefunden. In der Beschreibung stand, dass die Anfahrt nicht ganz ohne ist und über eine unbefestigte Straße durch die Wüste führt. Wir tun ja manchmal gerne so, als hätten wir einen Offroadcamper und haben kurzerhand entschieden, es auf jeden Fall auszuprobieren. Die Beschreibung des Platzes klang einfach zu gut. Es führt tatsächlich ein ziemlich abenteuerlicher Weg dorthin, aber wir haben es zum Glück ohne Probleme oder Reifenpanne geschafft.

INFOS ZUM PLATZ

Das Camp liegt inmitten der marokkanischen Sahara und wird eher von Offroad- und 4x4-Fahrzeugen genutzt. Außer uns standen dort nur noch drei andere Geländewagen. Es gibt Toiletten, Duschen (teilweise auch mit warmem Wasser) und eine Entsorgung für die Chemietoilette. Das Wasser zum Duschen und Spülen ist ziemlich salz- und mineralhaltig und eignet sich auf keinen Fall als Trinkwasser. Auf Anfrage ist aber Süßwasser zu bekommen, um die Tanks aufzufüllen.

Man kann sich auf dem Areal frei aussuchen, wo man stehen möchte. Es gibt eine Feuerstelle und ein kleines Restaurant, das aber zu der Zeit leider nicht geöffnet war. Außerdem ist es möglich, in Beduinenzelten in verschiedenen Größen und Ausstattungen zu übernachten.

UMGEBUNG

Für uns war der Platz ein richtiges Erlebnis. Nach der langen Fahrt dorthin hatten wir spätestens jetzt das Gefühl, endlich in der Sahara angekommen zu sein. Wir sind mit den Kindern ein Stück durch die Wüste gelaufen und haben eine ausgetrocknete Lagune mit einem kleinen Wasserfall entdeckt.

HIGHLIGHT: DAKHLA

Unser Urlaub von der Reise
- Weihnachten und Silvester in der Wüste

Unsere letzte Etappe ging von Daoura 550 Kilometer bis nach Dakhla. Wir hatten über einen Übernachtungsstopp in Boujdour nachgedacht, dann aber doch entschieden, weiter zu fahren. Wir wollten alle endlich ankommen! Die Kinder machen diese langen Strecken zum Glück immer super mit. Wir haben mehrere Pausen gemacht und die beiden unterwegs gut beschäftigt. Nach einer langen Fahrt durch Steppe mit knöchelhohen Sträuchern, wenig Verkehr und vielen Dromedaren sind wir endlich in Dakhla angekommen.

Dakhla ist die südlichste Stadt der marokkanischen Westsahara und liegt auf einer 38 Kilometer langen und vier Kilometer breiten Landzunge.

Wir hatten ein bisschen Sorge, was den Zustand der Straßen auf dem letzten Stück angeht – das war aber zum Glück komplett unbegründet. Die Straßen sind gut ausgebaut. An manchen Stellen musste man aufgrund von Sandverwehungen etwas vorsichtig sein, aber über Schlaglöcher oder abgefahrene Straßenkanten muss man sich wirklich keinen Kopf machen. Als wir entschieden hatten nach Marokko überzusetzen, war uns schnell klar, dass wir bis nach Dakhla fahren wollten. Die Lagune, die direkt am Stellplatz liegt, gehört zu den zehn besten Kite-Spots der Welt und hat bei konstanten Bedingungen eine sehr hohe Windwahrscheinlichkeit.

Über den Platz in der Westsahara hört man vieles. Man sollte schon wissen, was einen dort erwartet und worauf man sich einlässt.

Denn einsam stehen in der Wüste: das ist hier nicht der Fall. Nach etlichen Kilometern durch die karge Wüstenlandschaft kamen wir an einen Ort, an dem gut und gerne 150 Camper mitten in der Wüste parken. Der Platz ist groß und sehr gut frequentiert. Viele ältere Camper stehen hier mit ihren großen Wohnmobilen inklusive Zaun, Garten und Quad für mehrere Monate. Zwischendrin finden sich immer mal wieder jüngere Leute, vor allem Kite-Surfer aber auch Familien. An den Vibe muss man sich erst mal gewöhnen, es hat schon Züge von einem Campingplatz, aber wir konnten uns, zumindest für eine bestimmte Zeit, ganz gut darauf einlassen. Wir waren mit Leuten, die wir in Tarifa kennengelernt hatten, auf dem Platz verabredet und haben uns der Wagenburg, in der sie bereits standen, angeschlossen. Wir wurden sehr herzlich empfangen und haben letztendlich fast vier Wochen mit den gleichen Leuten auf diesem Platz verbracht. Irgendwann kennt man die anderen Reisenden und es war in der Regel ein sehr nettes Miteinander. Jeder hilft jedem und es wird ziemlich viel geschnackt den Tag über.

Es gibt eine Wasserquelle direkt auf dem Platz, allerdings ist das Wasser sehr schwefelhaltig. Wenn man es in Kanister abfüllt, diese offenstehen lässt – am besten mit einem Netz bedeckt – dann verliert es innerhalb von wenigen Tagen seinen Geruch und kann dann sogar in den Frischwassertank des Autos. Manche

haben auch unter dem Schwefelwasser geduscht, vor allem nach dem Kiten. Zum Salz abwaschen ist es vielleicht auch okay, aber ich habe das mit den Kindern einmal ausprobiert. Mit dem Schwefel-Gestank in der Nase war das definitiv nichts für uns. Wir haben dann doch lieber die Dusche im Auto oder unsere Außendusche benutzt. Direkt an der Einfahrt zum Platz gibt es einen Militärposten. Die Beamten sind rund um die Uhr anwesend und drehen immer mal wieder ihre Runden vorbei an den Campern. Je weiter man in den Süden kommt, umso präsenter ist das Militär. Wir hatten immer nur nette Begegnungen mit den Soldaten und man nimmt wahr, dass sie schlussendlich zum Schutz der Touristen vor Ort sind.

Die Wüstenstadt ist 25 Kilometer vom Stellplatz entfernt und wir sind in der Regel einmal die Woche zum Einkaufen dorthin gefahren. Auch wenn es zwar auffällt, dass der Tourismus rund um die Stadt stetig wächst, vermitteln der Souk und die Medina einen ziemlich authentischen Eindruck, was das alltägliche Leben in der Westsahara angeht.

In Dakhla bekommt man plötzlich nochmal ein ganz anderes Marokko zu sehen.

Der Souk ist richtig groß und es gibt dort Obst, Gemüse, Fisch, Fleisch und Brot. Auch wenn es zwischendurch mit all den Leuten, den Gerüchen und der Hitze anstrengend ist – einkaufen auf dem marokkanischen Souk und vor allem in Dakhla ist ein echtes Erlebnis. Lasst euch auf keinen Fall die Kekse, die es in der Markthalle ganz in der Nähe vom Brotstand gibt, entgehen.

Eine große Box kostet nur ein paar marokkanische Dirham und egal, wer aus unserem Camp zum Einkaufen in die Stadt gefahren ist, selten kam er ohne eine weiße Box zurück. Für die Kinder war es eine gute Erfahrung, dass man nicht wie in Hamburg einfach in einen Supermarkt geht und alles kauft, was man braucht. Es gibt zwar mehrere kleine Supermärkte und die sind für marokkanische Verhältnisse gut sortiert, aber man bekommt darin eben nicht alles. Darauf hatten wir uns zuvor eingestellt und uns hat es an nichts gefehlt. Wir haben oft mit unseren Platznachbarn gemeinsam gekocht, gegrillt und es uns gut gehen lassen.

Zum Einkaufen gehörte auch das Auffüllen der Wassertanks am Wasserturm der Stadt. Und das war mindestens genauso aufregend, wie der Einkauf auf dem Souk. Man fährt mit dem Auto bis an den Wasserturm. Dort ist eine große Mauer und in dieser Mauer gibt es ein kleines Loch, direkt neben der Wasserstelle. Man muss durch dieses Loch rufen und wenn man Glück hat, kommt jemand und dreht innen das Wasser auf. Bezahlt wird eigentlich mit einem Ticket, dass man sich vorher im Rathaus holen muss. Es geht aber auch mit jeglichen Naturalien. Wir haben mal mit Schokolade, mal mit einem T-Shirt oder Buntstiften bezahlt. Wir standen aber auch manchmal dort und haben mehrmals durch das Loch in der Wand gerufen und keiner ist gekommen. Daraus haben wir gelernt und haben es immer schon vor dem Einkauf an der Wasserstelle probiert und zur Not nochmals danach.

Zum ersten und auch einzigen Mal in der ganzen Zeit, die wir unterwegs waren, haben wir unsere Wäsche nicht in einem Waschsalon gewaschen, sondern sie in einer Wäscherei in der Stadt abgegeben und am nächsten Tag wieder abgeholt. Ein Service, an den ich mich durchaus hätte gewöhnen können. Für kleines Geld, saubere und bereits sortierte und zusammengelegte Wäsche – das kann ich nur empfehlen (23.708062, -15.924980).

Vier Wochen waren wir insgesamt in Dakhla und uns war kein bisschen langweilig. Im Gegenteil! Arne war viel kiten, eigentlich jeden Tag – manchmal sogar mehrmals. Die Kinder waren entspannt und haben es sehr genossen, mal so lange an einem Spot zu stehen. Die beiden hatten schnell den ganzen Platz im Griff und saßen gerne mal bei irgendwelchen Senioren im Vorzelt und haben mitgegessen. Sie sind viel Fahrrad gefahren und konnten in der seichten Lagune planschen. Ein paar Wüstenabenteuer durften wir dank eines Freundes, mit dem wir zusammen auf dem Platz standen, auch erleben. Er hat sich immer mal wieder für ein paar Tage ein Allradfahrzeug ausgeliehen, mit dem man dann richtig in die Wüste fahren konnte. Die Jungs haben den Pickup geliebt und ihn auch in geparktem Zustand nur ungern verlassen. Wir sind ein paarmal damit an die Weiße Düne gefahren. Das ist ein Kite-Spot auf der anderen Seite der Lagune, den man mit einem normalen Auto nur sehr schwer erreichen kann. Der Freund, dem das Auto gehörte, hat sich aber auch hin und wieder unsere beiden Kids geschnappt und ist mit ihnen einfach so ein bisschen offroad durch die Wüste gebrettert. Die beiden waren natürlich im siebten Himmel.

Wir hatten schöne Weihnachten mit einem selbst gebauten Weihnachtsbaum aus Holz und

knapp 26° Grad. Die Jungs waren tagsüber in Badehose am Strand. Für uns alle war es das erste Weihnachten mit so warmen Temperaturen. Wir haben es sehr genossen, dass die Kinder nicht so aufgedreht waren wie sonst immer an den Feiertagen. Eigentlich war es ein Tag wie jeder andere, nur eben Weihnachten. Natürlich haben wir es uns aber auch besonders schön gemacht. Abends haben wir mit den anderen gemeinsam gegrillt und am Lagerfeuer gesessen. Und auch Silvester haben wir total nett verbracht. Wir sind entspannt und ohne Feuerwerk und Böllerei ins neue Jahr gestartet.

Die Zeit in Dakhla war für uns alle wie ein kleiner Urlaub von der Reise. Der Alltag war anders als die Monate zuvor. Wir haben es genossen, nicht ständig einen neuen Platz suchen zu müssen. Für die Kinder und auch für uns, war es schön, mal so lange mit denselben Leuten am gleichen Platz zu stehen. Und unser ursprünglicher Plan, Weihnachten und Silvester im Warmen zu feiern, ist damit voll aufgegangen.

DAS ENDE UNSERER REISE ...

Nachdem wir über zehn Monate mit dem Camper unterwegs waren, sind wir Ende Januar an die Westalgarve in Portugal zurückgekehrt. Hier hatten wir bereits den kompletten Herbst verbracht und uns so dermaßen in die Ecke und die wunderschöne Landschaft verliebt, dass wir entschieden haben, die letzten zwei Monate unserer Reise ebenfalls dort zu verbringen. Noch mal richtig ausspannen und genießen, wenig Autofahren und so viel Zeit wie möglich draußen verbringen. Das waren unsere Pläne für die Zeit, bevor wir uns langsam wieder auf den Weg Richtung Hamburg machen wollten.

Zuvor waren wir in Italien, Spanien und Frankreich, haben sogar mehrere Tausend Kilometer in Marokko zurückgelegt. Während unserer ganzen Reise hat uns das Gefühl von Freiheit immer begleitet. Wir haben unsere Route und unsere Pläne umgeworfen, wie wir Lust und Laune hatten und konnten immer frei entscheiden, wie und wohin wir reisen möchten. Dass sich das in den letzten Wochen unserer Reise so komplett ändern würde, haben wir zu der Zeit noch nicht geahnt.

Wir waren schon wieder knapp vier Wochen an unserem happy place zwischen Lagos und Aljezur, als Corona immer öfter in den Medien auftauchte. Ehrlichgesagt haben wir unterwegs nicht regelmäßig Nachrichten verfolgt, aber das Thema hat so schnell an Präsenz gewonnen, dass das natürlich auch an uns nicht vorbeigegangen ist. Trotzdem war es irgendwie immer noch weit weg. Bis wir Anfang März am Wochenende zu der legendären Pizza Party in Marmelete fahren wollten, von der wir schon so viel gehört hatten. Am Freitagmorgen wurde die Veranstaltung aufgrund der aktuellen Entwicklungen in Europa für den Abend kurzfristig über die Social-Media-Kanäle abgesagt. Da haben wir zum ersten Mal gemerkt, dass das Ganze vielleicht doch nicht mehr so weit weg ist, wie wir dachten. Ab dem Moment ging dann alles ziemlich schnell. Am folgenden Montag wurden die Schulen in Portugal geschlossen. Man musste sich vor den Supermärkten anstellen und es wurden immer nur 15 Kunden gleichzeitig zum Einkaufen reingelassen. Die Straßen und Strände waren nicht mehr so stark frequentiert und die Leute im Allgemeinen sehr vorsichtig. Für unseren Alltag hat sich außer der Sache mit dem Einkaufen trotzdem erst mal nicht großartig was verändert. Wir haben uns weiterhin in unserem kleinen Radius bewegt und nach wie vor frei an den Stränden mit dem Camper gestanden.

Zu dieser Zeit waren wir mit einer anderen Familie unterwegs und haben, da wir eh schon die letzten beiden Wochen miteinander verbracht

hatten, keine Notwendigkeit gesehen, uns voneinander zu trennen. Im
Gegenteil: Es war für uns alle total angenehm, nicht alleine unterwegs zu
sein und die Möglichkeit zu haben, sich über die aktuellen Geschehnisse
auszutauschen. Zu beobachten, wie sich die Lage weltweit weiter ver-
änderte und immer mehr Maßnahmen ergriffen wurden, hat uns nicht
kalt gelassen. Wir waren beunruhigt, aber zu dieser Zeit überhaupt nicht
in Sorge um uns in Portugal, sondern eher um unsere Liebsten in der
Heimat. Zwischendurch kam immer mal wieder die Frage auf, ob es nicht
doch besser wäre, schnell nach Hause zu fahren. Wir haben uns aber da,
wo wir waren, sicher gefühlt und wie die Regierung und die Bevölkerung
sich in Portugal verhalten haben, hat uns Zuversicht gegeben, dort auch
weiterhin sicher zu sein.

Am 14. März kam dann die weltweite Reisewarnung vom Auswärtigen Amt. Ab da hat uns das Thema fahren oder bleiben definitiv mehr beschäftigt. Viele andere Reisende haben zu dem Zeitpunkt entschieden zurückzufahren oder waren, wie wir mitbekamen, schon längst auf dem Weg. Ganz bewusst haben wir für uns entschieden, erst mal weiter in Portugal zu bleiben. Zum einen hatten wir keine Wohnung mehr in Deutschland und so kurzfristig keine Möglichkeit, eine zu bekommen. Zum anderen hätten wir zu einer Zeit durch Spanien und Frankreich reisen müssen, als die Lage dort noch völlig unklar und ziemlich kritisch war. Außerdem hatten wir nach wie vor den Eindruck, die Portugiesen haben Covid-19 bisher gut im Griff. Da die Algarve ziemlich dünn besiedelt ist und die Fallzahlen in der Region, in der wir waren, noch verschwindend gering waren, hielten wir es für sinnvoll, nicht Hals über Kopf Richtung Hamburg aufzubrechen. Trotzdem haben wir zwischendurch immer mal an der Entscheidung gezweifelt. Das Gesundheitssystem in Portugal ist weitaus schlechter als in Deutschland und wir wollten auf keinen Fall dem Land, das es in einer richtigen Krise sicherlich schwerer haben würde, zur Last fallen. Die Frage, wie sich der Zustand an den innereuropäischen Grenzen entwickeln würde, hat uns ebenfalls beschäftigt. Zu wissen, wir können vielleicht irgendwann nicht mehr einfach zurückfahren, wenn wir es wollen oder müssen, weil zu Hause irgendetwas passiert ist, war ein sehr komisches Gefühl.

Der Ausnahmezustand wurde in Portugal am 18. März ausgerufen. Von da an war klar, wir können und wollen uns nicht mehr so bewegen, wie wir es in den vergangenen Wochen noch getan hatten. Als Touristen am Strand zu stehen, während die Bevölkerung dazu aufgerufen wurde, das Haus nicht mehr zu verlassen, kam für uns nicht infrage. Freunde von uns, die an der Algarve leben, haben uns spontan angeboten, mit unserem Camper auf ihrem privaten Grundstück zu stehen. Das haben wir natürlich dankend angenommen – uns war aber klar, dass wir jetzt definitiv einen Plan brauchen, wie es für uns weiter gehen soll. Die Zeit, die wir auf dem wunderschönen Grundstück von Sitio Ubuntu verbringen durften, wollten wir nutzen, um genau diesen Plan in Ruhe zu schmieden.

Wir haben Kontakt zum Auswärtigen Amt aufgenommen, um zu erfahren, wie die Situation an den innereuropäischen Grenzen aussieht. Hier wurde uns noch mal gesagt, dass zwar die Reisewarnung noch aktuell sei, wir uns aber nicht zwingend in unsere Heimat begeben müssten. Wenn wir uns in Portugal sicher fühlen und auf privatem Grund stehen können, spräche nichts dagegen, sich weiterhin dort aufzuhalten. Die Grenzen seien nach wie vor für Rückreisende geöffnet, ob und wie schnell sich die Situation ändere, konnte man uns aber zu diesem Zeitpunkt nicht sagen. Der Plan loszufahren wurde also konkreter. Vorher musste aber erst noch geklärt werden, wo wir in Deutschland überhaupt hinfahren würden. Unsere Wohnung in Hamburg hatten wir ja knapp elf Monate zuvor aufgegeben.

Als es dann final geregelt war, haben wir unsere Sachen gepackt, uns von unseren lieben Gastgebern verabschiedet und uns auf den Weg nach Hamburg gemacht. Knapp 3.000 Kilometer durch Portugal, Spanien, Frankreich, Belgien bis nach Deutschland. Wir sind durchgefahren, so gut es ging, haben kaum angehalten und alle Grenzen ohne Probleme passiert. Nach ziemlich genau 40 Stunden sind wir in Hamburg angekommen. Die Fahrt war anstrengend und verdammt lang. Die Kinder haben das unglaublich gut mitgemacht und in der ganzen Zeit den Camper kein einziges Mal verlassen. Wir waren müde, froh und gleichzeitig etwas wehmütig.

Das Ankommen in Hamburg wurde uns wahnsinnig leicht gemacht. Wir hatten glücklicherweise die Möglichkeit, für zwei Wochen alleine in einem Haus mit Garten zu wohnen und dort die Quarantäne-Zeit absitzen zu können. Wir konnten erst mal richtig ausschlafen und die

Fahrt verdauen. Für uns – in unserer kleinen Blase - waren das sehr entspannte zwei Wochen. Natürlich hat es sich komisch angefühlt, in dieser
seltsamen Zeit zurück nach Hause zu kommen. Wir konnten nicht, wie
ursprünglich geplant, auf dem Heimweg Freunde und Familie in Deutschland besuchen. Auch mit den Freunden in Hamburg hatten wir nach wie
vor nur über Videokonferenzen Kontakt. Keine große Willkommensparty
und kein freudiges in die Arme fallen mit den Liebsten – stattdessen
Abstand halten und Masken tragen.

Viele haben unsere Zeit unterwegs und unsere Fahrt zurück mitver-
folgt. Einige haben uns geschrieben, wie schade es ist, dass unsere Reise
so enden musste. Auf der einen Seite mag das natürlich auch stimmen.
Aber andererseits, ganz ehrlich – wir sind schlussendlich drei Wochen
früher zurückgekommen als geplant. Und vermutlich sind wir noch dank-
barer dafür, dass wir die vorherige Zeit so unbeschwert reisen konnten
und so viele tolle Momente erleben durften, als wir es ohnehin schon
gewesen wären.

... UND DER BEGINN VON ETWAS GANZ NEUEM

Natürlich sind wir im April 2019 vor allem mit der Hoffnung losgefahren, eine gute Zeit zu haben. Viel Sonne, viel Strand, viel Familienzeit – darauf haben wir uns gefreut. Uns war aber auch klar, dass das für uns nicht nur ein langer Urlaub werden soll. Wir haben uns fest vorgenommen, die Zeit zu nutzen, um gemeinsam herauszufinden, welcher Weg für uns als Familie der vielleicht Beste oder Bessere sein könnte. Tatsächlich haben wir die Reise, im Nachhinein betrachtet, für uns zum genau richtigen Zeitpunkt gemacht. Wir waren nicht unzufrieden, als wir losgefahren sind, wir waren eher unruhig. Wir wussten, dass Entscheidungen getroffen werden müssen und es hat sich, egal wie lange und ausführlich wir darüber gesprochen haben, nie so angefühlt, als würden wir in unserer Entscheidungsfindung wirklich weiterkommen.

Die Zeit unterwegs hat es uns ermöglicht, mit ein bisschen Abstand und freiem Kopf auf das zu schauen, was wir haben und was uns wichtig ist. Die wohl bedeutendste Erkenntnis, die wir aus der Zeit unterwegs mitgenommen haben, ist, dass wir vier als Familie gut zusammen funktionieren. Wir können auf engem Raum und rund um die Uhr beisammen sein. Wir fühlen uns alle wohl und sicher, wenn wir uns gegenseitig um uns haben und tatsächlich sind wir vier uns an vielen Stellen auch genug. Wenn wir auf unsere Bedürfnisse und Wünsche achten und eingehen können, dann brauchen wir gar nicht viel mehr, um als Familie zufrieden zu sein.

Eine weitere Sache, die durch die Reise bei uns allen noch viel ausgeprägter wurde, ist die Offenheit Neuem gegenüber. Wir haben zwar schon vor der Reise von uns behauptet, dass wir und unsere Kinder sehr offen sind, aber das hat sich in der Zeit unterwegs noch einmal sehr verändert. Wir waren eben nicht mehr in unserer Komfortzone in Hamburg-Altona, in der wir uns gut auskannten und wussten, bei welchem Problem wir wo Hilfe bekommen können. Wir mussten uns alle ständig wieder auf neue Situationen, Menschen und Gegebenheiten einstellen. Neue Dinge sehen, unterschiedliche Leute und Lebensmodelle kennenlernen, in anderen Sprachen kommunizieren. Die Kinder haben davon profitiert und sind selbstbewusster, aufgeschlossener und stärker geworden. Und wir haben mit diesem bisschen Abstand zu unserem vorherigen Leben festgestellt, dass es für uns als Familie echt viele verschiedene Möglichkeiten und Lebensformen geben kann. Wir müssen uns nur für einen Weg entscheiden und diesen dann konsequent und realistisch verfolgen.

Natürlich sind wir, nur weil wir jetzt für eine bestimmte Zeit unterwegs waren, nicht völlig frei und selbstbestimmt in all unseren Entscheidungen. Wir müssen Geld verdienen und sind dadurch ganz klar an unsere Jobs gebunden. Wir haben die Zeit des Reisens zwar sehr genossen und hätten sicherlich auch noch ein Weilchen länger im Camper ausgehalten, aber langfristig wollten wir gerne wieder einen festen Lebensmittelpunkt für uns haben. Schon alleine wegen dem bevorstehenden Schulstart von Emil. Natürlich gibt es da auch viele Alternativen und das Thema Freilernen finde ich zum Beispiel total spannend, wir haben aber für uns entschieden, dass das nicht unser Weg sein wird.

Wir wussten also, wir wollen uns gerne wieder einen festen Wohnsitz suchen. Die Wahl dessen hängt stark von einer möglichen Schule für Emil und natürlich der Möglichkeit, von dort arbeiten zu können, ab. Gleichzeitig war uns noch bewusster, wie kostbar unsere gemeinsame Zeit ist. Wir wollten gerne unseren Alltag so gestalten, dass sich unser Familienleben mit dem Arbeiten und allem was sonst so zu tun ist, gut vereinbaren lässt. Wir wollten gerne weiterhin viel Zeit im Freien verbringen, im besten Fall in der Nähe vom Meer wohnen und nicht zwangsläufig wieder zurück nach Hamburg.

Als wir im Herbst die Algarve verlassen haben, haben wir schon beide darüber nachgedacht, wie es wohl sein könnte, dort zu leben. Mit ein bisschen Abstand haben wir die Zeit für uns in Marokko genutzt, um die Pläne weiterzuspinnen und zu konkretisieren. Und als wir Ende Januar in die Ecke rund um Vila do Bispo zurückgekommen sind, haben wir uns eine Schule angeschaut. Wir haben uns nach und nach Punkte vorgenommen und gemeinsam überlegt, wie wir das am besten umsetzen können.

Die plötzlichen Veränderungen durch Corona haben es uns an manchen Stellen schwieriger gemacht, andererseits haben sie uns auch ein paar bis dahin verschlossene Türen geöffnet. Wir konnten uns vor Ort in Portugal im März keine Wohnungen oder Häuser mehr ansehen, ein zweiter Termin in der Schule war leider nicht mehr möglich und unsere Fahrt zurück nach Hamburg und die Zeit dort war ganz anders als ursprünglich geplant. Gleichzeitig hatten wir aber beide plötzlich und etwas unerwartet die Möglichkeit, ortsunabhängig zu arbeiten, ohne unsere Sicherheit aufgeben zu müssen oder uns beruflich zu verändern. Wir haben eine Zusage für unsere Wunschschule bekommen, ein Haus zum Mieten gefunden, ohne es vorher zu besichtigen und nach fünf Monaten in Deutschland sind wir erneut Richtung Portugal aufgebrochen.

Vielleicht hatten wir einfach Glück. Manches hat sich einfach so ergeben und für wiederum Anderes mussten wir uns richtig doll anstrengen. Irgendwie scheint das doch oft so zu laufen – man muss den Dingen erst mal einen Raum geben, damit sie überhaupt wachsen können. Das ist auch bei Ideen, Plänen und Träumen so. Und dann reicht es eben nicht, irgendwas immer nur zu wollen. Darauf zu warten, dass das passiert, was man sich immer gewünscht hat, ohne etwas dafür zu wagen, hat vermutlich bisher in den seltensten Fällen geklappt. Aber wenn man es macht, wenn man etwas wagt, dann hat man auch wirklich die Chance, das zu bekommen, was man möchte.

DANKE

Die Idee, dieses Buch zu schreiben, kam mir eigentlich erst so richtig, als wir schon unterwegs waren. Ich habe von Beginn an versucht, ein kleines Tagebuch zu führen und zumindest aufzuschreiben, an welchen Plätzen wir übernachten und was wir so erleben. Über Instagram und unseren Blog hatten wir bereits zwei Medien, über die wir von unserer Reise berichten konnten. Dann kam mir der Gedanke mit dem Buch. Bevor ich angefangen habe, von der Idee zu erzählen, habe ich erst mal angefangen zu schreiben. Einfach um zu sehen, ob das so funktioniert, wie ich es mir vorstelle. Glücklicherweise hat es funktioniert und rausgekommen ist dabei tatsächlich ein Buch - und gleichzeitig ein Projekt, das ich während seiner Entstehungsphase sehr geliebt (und hin und wieder auch mal verflucht) habe.

Kurz bevor wir im April losgefahren sind, habe ich mich in Hamburg noch mal mit Cornelia Paul auf einen Kaffee getroffen. Ich habe vor einiger Zeit bei ihr ein Coaching gemacht und glücklicherweise sind wir nach wie vor in Kontakt. Ihre Meinung und Einschätzung von Dingen sind mir sehr wichtig, da ich sie als Mensch und aber auch als –sagen wir mal Mentorin – schätze. Ich wäre nicht da, wo ich jetzt bin, wenn ich dieses Coaching bei ihr damals nicht gemacht hätte. Also gebührt der erste Dank wohl ihr, denn als ich ihr von unseren Reiseplänen erzählt habe, meinte sie ziemlich direkt, wir sollten die Zeit unbedingt für uns nutzen. Wir sollten ein Buch schreiben und aus unseren beiden Perspektiven erzählen, was das Reisen mit uns macht und wie es uns verändert. Das ist es zwar nicht ganz geworden, aber trotzdem hat die Erinnerung an ihre Worte sicherlich unbewusst dazu beigetragen, die Idee, ein Buch zu schreiben, nicht direkt wieder zu verwerfen.

Natürlich geht der größte Dank ganz klar an meine Familie – an Arne und unsere beiden großartigen Jungs Emil und Anton, die diese Reise überhaupt erst mit mir gemacht haben. Die so viele Dinge mit mir erlebt und so tolle Plätze mit mir gefunden haben. Und die mir jede Menge Zeit geschenkt haben, um zu schreiben. Ohne sie würde es das hier nicht geben und ich bin wahnsinnig dankbar dafür. Die Unterstützung von Arne hatte ich von Anfang an, zusätzlich hat er noch Texte gelesen, Fotos gemacht, Ideen und Vorschläge eingebracht und ist den ganzen Weg mit mir mitgegangen.

Letztendlich wäre aber auch ohne Ole aus diesem Projekt niemals das geworden, was es jetzt ist. Ich weiß noch genau, wie ich ihn vom Strand aus in Portugal angerufen habe und ihm von meiner Idee, ein Buch zu machen, erzählt habe. Er war sofort Feuer und Flamme und es war ganz schnell klar, dass wir das gemeinsam auf die Beine stellen werden. Er ist für mich der perfekte Gegenpol, weil er genau die Dinge, die ich nicht kann, beherrscht – gleichzeitig ebenfalls Camping-Erfahrung hat und ein sehr enger Freund von mir ist. Wir ergänzen uns gut und die Chance, endlich wieder zusammenzuarbeiten, war für uns beide wohl einfach zu verlockend. Und am Ende hat sich herausgestellt, dass das mit eine der besten Entscheidungen überhaupt war.

Ein riesen Dank geht an Stefan, den wir mit seiner Familie auf einem Platz am Lac de Sainte-Croix in Frankreich kennengelernt haben. Uns wurde relativ schnell klar, dass wir in ihnen neue, richtig gute Freunde gefunden haben. Er hat sich mit seiner angenehmen und klaren Art, seinem beruflichen Hintergrund und der Tatsache, selbst als Camper mit Familie durch Europa zu tingeln, als der perfekte Lektor für meine Texte herausgestellt.

Danke an Heidi und Marianne, die beide viel Zeit investiert haben, um alle Texte noch mal für mich Korrektur zu lesen. An meine Eltern und meine Schwester, die mich immer von der Ferne aus supporten und mir dadurch ganz viel geben. An Lena und Martin, die bis nach Portugal gekommen sind, um mit uns das Cover Foto zu schießen. Und schlussendlich an Malte, der sich zwischen Umzug, Vermietung und Portugiesisch-Unterricht spontan dazu bereit erklärt hat, die finale Korrektur zu übernehmen.

Ein Grund, warum ich dieses Projekt – jetzt wo es fast fertig ist – so irre gerne mag, ist, dass es irgendwie einfach so entstanden ist. Aus einer Idee in meinem Kopf wurde eine mögliche Struktur. Nach und nach wurde diese Struktur verändert und mit Texten und Bildern gefüllt. Es haben sich immer schnell genau die richtigen Ansprechpartner für meine Fragen gefunden und alle, die ich um Hilfe gebeten habe, waren sofort dabei und haben mich unterstützt. Es hat sich von Anfang an gut angefühlt und ich bin, jetzt wo es fertig ist, richtig stolz auf das Ergebnis.

@ourlifeisbetteroutside

www.ourlifeisbetteroutside.de